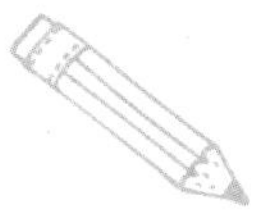

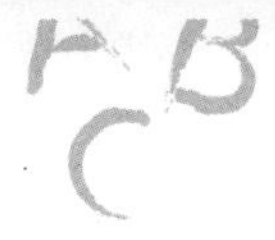

周晓理 著

没有不学习的孩子 只有不懂爱的教育

成人，请停止“毁”人不倦的教育！

为什么有些孩子从来没有做过孩子？
是大人掠夺了他们做孩子的权利

上海交通大学出版社
SHANGHAI JIAO TONG UNIVERSITY PRESS

内容提要

每个孩子都该无忧地成长，可为什么当下的教育让本该纯真、可爱、活泼的孩子变得野蛮、愚钝和势利？对此，作者从自己的亲身经历出发，从描述课堂、家庭中的师生以及亲子中的教育现象入手，对当下种种不健康、不人性、不科学的教育方法进行了理性反思和抨击，“榜样教育”、暴力教育、繁重的作业、枯燥的课堂，让孩子心灵蒙上了灰尘，变身为分数的奴隶，这是我们需要的教育吗？都说孩子是民族的未来，这样的孩子我们还能期待他们能健康、文明、独立、有担当，成为他们想成为的人吗？作为母亲，作者表示深深的忧虑……

图书在版编目(CIP)数据

没有不学习的孩子，只有不懂爱的教育/周晓理著.—上海：
上海交通大学出版社，2016
ISBN 978-7-313-15638-9

Ⅰ.①没… Ⅱ.①周… Ⅲ.①家庭教育—通俗读物
Ⅳ.①G78-49

中国版本图书馆CIP数据核字(2016)第186785号

没有不学习的孩子，只有不懂爱的教育

著　　者：周晓理
出版发行：上海交通大学出版社　　地　　址：上海市番禺路951号
邮政编码：200030　　电　　话：021-64071208
出 版 人：韩建民
印　　制：常熟市文化印刷有限公司　　经　　销：全国新华书店
开　　本：710mm×1000mm　1/16　　印　　张：14.5
字　　数：140千字
版　　次：2016年9月第1版　　印　　次：2016年9月第1次印刷
书　　号：ISBN 978-7-313-15638-9/G
定　　价：38.00元

谨以此书献给现在已有孩子的、将来有孩子的，更重要的，曾经是孩子的你

序

只为更多懂得爱的教育

每个孩子都是天使，他们爱问为什么，爱探索，爱阅读自己感兴趣的书，这些都是孩子爱学习的表现，但慢慢地，不知什么原因使得孩子厌学，变得怠惰？读书变成是一件痛苦的事情。有的孩子因此陷入抑郁、焦虑和紧张，甚至厌世轻生？在读完本书的一些章节，不难发现问题的答案。

在“学校的‘规矩’抹杀了上学的快乐”中，我看到种种不人性的规定对孩子的束缚和伤害，造成孩子能力的弱化。在“莫给暴力冠以教育美名”我则看到了暴力对孩子的摧残以及孩子是怎样慢慢学会粗俗、暴力与野蛮的。在“向有害的作业说‘不’”中，我深深感受到当前课本作业对孩子求知欲的损害，带给孩子精神的苦闷。“孩子累，老师更累的课堂教学”真实再现了死板僵化的教学带给孩子的是乏味和枯燥，令孩子讨厌上学、讨厌读书。“还孩子一个纯净的心灵世界”让我读到了孩子们的内心世界，读到了他们的脆弱和对爱的渴望……

和以往的有关教育的图书不同,作者出于公民意识呼唤真正爱的教育,胆识值得称道。对孩子的教育,我们需要的是改变,改变固有的思维,改变深以为然的习惯,给予孩子真正的爱,阅读此书的读者跨出的每一小步都是整个社会幸福进程不可替代的一部分。

希望本书的出版能带给更多人的反思与警醒,希望成人能走进孩子的内心世界,了解孩子,尊重孩子,给孩子真正爱的教育。所以,正在阅读此文的你,不管你是父母,是老师,抑或是将来要做父母,请记得:去爱孩子!

更笃定、更慈爱、更无所保留地去爱孩子!

真正地去爱孩子!

华东师范大学学前教育系教授　周念丽

2016 年 8 月 10 日

前言

菲儿，我亲爱的孩子，记录下你小学生活的点点滴滴，并不是为了将来的记忆，乃是为了寻求智慧——教育的智慧。

对你的爱，对所有孩子的爱，对人的爱，促使我愿意思考并努力寻求教育的真谛和智慧。

“孩子的心不可忽略，也不应当忽略。”

为什么那么多的孩子不愿意上学？不喜欢上学？

为什么那么多的孩子不愿意读书？不喜欢读书？

为什么中国人不爱阅读？没有阅读的习惯？

为什么中国人还不够文明、理性和智慧？

我想：是因为我们的教育还不够人性、理性和智慧，还不够懂得爱。

法国启蒙思想家卢梭说过，“一个人接受错误的教育比不接受教育更可怕。”

因为，人的善是教育导致，人的恶也是教育导致。

一个孩子若没有得到正确而良好的家庭教育，他的成长无疑是一种灾难；假若再碰上不良的学校教育，对他而言，那无疑是一种双重灾难，这双重灾难极有可能会扼杀他的善与幸福。

不良的教育则是可怕的“刽子手”。

卢梭说：“出自造物主之手的东西，都是好的，而一到了人的手里，就全变坏了。”

是的，我们必须承认：孩子天性是善的。

是的，我们必须承认：我们成人弄坏了孩子，弄坏了教育，弄坏了我们本可以拥有的幸福。

人的痛苦更多乃是人自身所为，而人却往往执迷不悟。

环境影响人，教育造就人。中国是一个很重教育的国家，中国的成人很爱孩子，很关注教育。可是，我们成人却很少反思我们的教育行为、教育理念是否合乎人性、合乎理性；是否文明、是否健康、是否智慧。

现时代我们的教育仍充满暴力、野蛮、偏见、机械、呆板、功利等许多不健康、不懂爱的有害元素，这些元素在接下来的书中会一而再、再而三地上演，也许会有人会觉得不可思议进而质疑其真实性。我想严肃且诚恳地说：书中所述的场景及言行百分百的真实，不含一丝虚假和夸张的成分。

我相信，认识并克服这些不懂爱的元素，我们离幸福才会近一些。

人从错误的观念中走出来,才能获得全新的自我。

人啊!我们要做的乃是正视、反省、纠正不懂爱的教育观念和教育方法,这样我们才能获得正确、合乎人性的教育观念和教育方法,我们才能拥有智慧和幸福。

人需要用理性克服人的浅薄、自大和无知。

菲儿,愿你拥有幸福。

愿所有的孩子拥有幸福和快乐。

周晓理

2015 年 9 月修订

2016 年 3 月定稿

目录

一　当上学变成一件可怕的事

老师与孩子是怎样的一种关系？

今天是菲儿去小学报名和面试的日子。

早晨，菲儿起了个大早，很兴奋，叽叽喳喳说个不停。因为菲儿很渴望上小学，盼了有好长好长一段时间。

面试老师是一位年轻的女老师，很和气，招手示意菲儿走到她身边去。于是菲儿大胆地走到老师身边，挨着老师的办公桌站定，双手很轻松自然地搁在老师的办公桌上，等待老师的面试谈话。

谁知，老师温和的笑容突然不见了，她的眼睛盯着菲儿搁在她办公桌上的双手，接着，用严厉而又急促的语气对菲儿喝道："看你的手怎么放的？把手放好！上小学了，要有规矩！知不知道？"

我的心被这突如其来的严厉的喝声吓得"怦、怦"跳了两下。

菲儿也被老师的喝声吓了一跳，赶紧把手从桌上拿下来，身体不由自主后退一步，人站得笔直，两手垂下，双臂紧紧夹住身体，脸上的表情紧张而又严肃。

此时的菲儿看上去就像一位正在待训或接受命令的士兵。

于是老师满意了，老师又开始微笑了。

老师开始提问：姓名、年龄、在哪上的幼儿园、学过哪些儿歌、认识多少字、会做哪些数学题等等。整个问话过程，老师的口吻轻松温和，但菲儿却是小心翼翼和略有紧张。

面试结束后，菲儿又开始满脸笑容，叽叽喳喳对我说个不停，似乎已从老师的那声惊吓中缓过来了。

而我却无法轻松，因为细节体现教育观念。

“把手放好！”老师用严厉的命令口吻对孩子说的第一句话，以及对孩子站姿的严格要求，让我陷入不安和思考：老师会以怎样的教育观念对待孩子？

老师与学生之间会是怎样的一种关系：平等友好的朋友关系还是上级与下级、命令与服从的关系？

平等是一种规则和秩序，不平等也是一种规则和秩序。而平等的社会规则和社会秩序才能给个人、社会乃至整个人类带来和谐与幸福。

老师，你若以上级对下级、将军对士兵的威严态度对待孩子，孩子无疑会获得这样的一种认识：人与人之间是不平等的。当自己处于弱势地位，服从强者是合理而且必然的；但当自己成为强者时，我就要为自己的权威寻找服从者，通过驾驭别人来实现自己的权威和荣耀。

老师，你若以一颗平等的心对待孩子，孩子就会懂得：平等才是正义，平等才是合理的生活法则。

请别当众训斥孩子

今天,菲儿参加了一年级新生的学前教育。

菲儿回来迫不及待地告诉我:“妈妈,今天我看到了我的新老师了！我的数学老师张老师!”

我也很开心:“哦,真的吗？你喜欢你的老师吗?”

菲儿兴奋地:“喜欢!”

但紧接着,菲儿若有所思,想起了什么:“妈妈,我告诉你,我的同学刘文浩,他说他不喜欢张老师!”

我很诧异:“哦,为什么？今天开学才第一天呢!”

菲儿认真地说道:“早上,我们坐在教室里,张老师给我们讲有关上小学的一些事情,讲到一半时,刘文浩坐不住了,在座位上动来动去,东张西望,不专心听老师讲,张老师发现后,当着所有小朋友的面吼他,批评刘文浩不认真听讲,说他不乖！老师讲完课后,问小朋友们喜不喜欢她,轮到刘文浩,刘文浩对张老师说,‘老师,我不喜欢你,你凶我!’”

听到这儿,我把菲儿揽入怀中:“我明白了,菲儿,你知道吗？其实这件事是老师做错了！老师当众凶刘文浩,批评他,这伤害了刘文浩的自尊。”

6 岁的孩子第一天上学，在座位上动来动去，这不是什么缺点，也不是什么大错。好动、注意力无法持久是孩子的特点和天性，成人不可以当成大错责备和批评。另外，纵使孩子在课堂上有影响他人或妨碍上课秩序的行为，老师也不应当众批评、训斥甚至责打孩子，而应在课后耐心地对孩子指出并加以纠正，此外还要有允许孩子再犯错的宽容之心。这样，孩子才能感受到老师的友好、尊重和宽容，孩子才会亲近和信赖老师，孩子也才乐意接受老师的意见。当众训斥孩子会损伤孩子的自尊，孩子对成人容易产生敌对情绪。

孩子的心很柔弱，孩子的心很自尊，孩子需要成人的呵护、理解与尊重。

当我们成人因怒气而随意当众批评、斥责孩子时，我们从来都认为自己很正义，是在爱孩子，是在履行教育的责任。但在我们成人眼中，孩子究竟是一件无血、无肉、无感情的物品还是一个有喜怒哀乐、有自尊、有自我、与我们一样的人？

有一天，当孩子日渐与我们疏远，对我们表示敌意、冷漠、愤怒、违抗，我们有没有想过，孩子不友好的源头在哪？然而，我们往往把原因归咎于孩子：孩子很“邪”，孩子很“恶”！

其实，成人才是真正制造孩子“恶”的元凶。

当众批评、训斥孩子貌似在教育孩子，想努力引导孩子朝好的方向发展，事实上它是一种“恶”的催化剂，会让孩子滋生很多不健康心理。因为,孩童幼小的心灵非常细嫩,冷酷的开端会把他们的心灵扭曲成奇形怪状,一颗受了伤的心会变成像核桃一样坚硬、布满深沟。

当众批评、训斥、羞辱孩子是野蛮人的行为,是恃强凌弱的行为。

人的心灵最初纯净且美好,每个人内心都渴望被尊重、被肯定、被欣赏,每个人都渴望进步和向善。

孩子若在被尊重的环境中长大,他将会是一个健康文明之人,他也将会懂得尊重并善待他人;反之,一个人的人格尊严和被尊重的权利若从小被伤害,他很可能无法成长为健康理性的文明之人,而会变成又一个随意伤害他人人格尊严的野蛮之人。

成人如果用爱、温和、尊重的方式帮助孩子纠错,孩子哪能感受不到成人对他们的爱、温馨与信赖呢?孩子怎么不可能快乐而又信服的接受呢?

这样,孩子与我们成人之间是友好和相互尊重的;而不是充满对抗和敌意的。

爱意味着平等与尊重。

不要吝啬鼓励与赞扬

中午 12 点，菲儿放学回来。

菲儿满脸兴奋，朝我嚷道："妈妈，今天，我好开心!"

我笑了："为什么开心啊?"

菲儿很快乐："因为老师表扬了我，说我好棒!"

我好奇："哦？老师为什么表扬你，说你好棒?"

菲儿认真地告诉我："昨天我帮助老师擦桌子，今天早上我看见老师，我主动向她说早上好，老师说我好有礼貌！而且老师在班上讲话的时候，我很认真听，老师说我很专心。因为这些事，张老师表扬了我，说我很棒！我当然开心啦！我要做一个很棒的孩子!"

菲儿幸福快乐的样子，使我也不禁快乐起来。

是的，孩子对生活的热情、快乐、希望以及对求知的渴望通常就是被成年人不经意的一句表扬、一点肯定所点燃!

儿童的心智发育尚不成熟，他们对这个世界充满很多恐惧和胆怯，他们还不具备正确认识自己的理性能力和是非辨别能力，他们渴求成人的喜欢和信赖，所以儿童常常会根据别人的评价，尤其是父母和老师的评价来给自己定位。儿童从成人的鼓励、肯定和欣赏中获得坚强、自信和快乐。

爱意味着鼓励和赞扬，孩子能从中得到巨大的精神养分。

孩子若时常被鼓励、被肯定、被欣赏，他的精神会积极、健康、阳光，他会具有很强的自我塑造能力和自我超越能力，他的成长必定快乐而又幸福；孩子若时常被否定、被打击、被批评，他的精神会悲观、消极、灰暗，他会过早陷入自我否定的状态，从而难以拥有健康和幸福。

在孩子的成长过程中，成人请不要苛求孩子做得完美，不要放大他们的缺点，不要吝啬鼓励和赞扬！请睁开我们的慧眼，发现孩子身上的闪光之处，发现孩子每一个有进步的地方，给予他们快乐和自信，点燃他们生活的热情！

表扬，让孩子在爱与鼓励的温馨中成长。

不健康的“榜样教育”

中午,菲儿一进门就大声嚷嚷:“妈妈,今天老师让我举牌了！我的两只手,现在酸死了!”

我笑着问她:“什么牌子?”

菲儿解释说:“放学时,我们同学要排队出来,我是领队,我走在队伍的最前面,举着我们班的班牌。”

我好奇:“哦！为什么老师让你举班牌?”

菲儿高兴地告诉我:“老师说,这是一项荣誉！只有在班上表现好的孩子才可以做领队！才可以举牌！现在,我的手好累好酸啊！不过,妈妈,我很开心！我是班上的领队！我是大家的榜样!”

哦！我明白了,原来,菲儿被认定是“表现好的孩子”,被选出来做“榜样生”!

小小的菲儿开始接受“榜样”的观念,并为自己是“榜样生”而快乐!

我倒是觉得,我们大人不应把“举班牌”设置成一种荣誉,让小孩渴望这种荣誉,并用这种荣誉衡量和评价自己。我也不希望举班牌成为某一个孩子的专利,这是班集体的一项公共事务,每个孩子都应去体验。若举班牌成为某一个孩子的专利,并认为他是“表现好的孩子”、是“榜样生”、是“模范”,那么其他的孩子肯定会失落,甚至还会有嫉妒心理。因为没有人愿意别人看轻自己、贬低自己,每个人内心都渴望别人肯定和尊重自己。

教育中,我们成人很钟爱这种“榜样教育”:即在全班选出一个老师满意的学生做大家的榜样和楷模,并让这个学生独享很多的荣誉、奖励、赞美和宠爱,以带动和刺激其他孩子向他看齐,从而集体达标。

可我们有没有深思过:这样的“榜样教育”健康吗?

当年幼的孩子迈出家庭,学校对孩子的成长有很重要的熏陶作用。

孩子与孩子之间本没有很大的差距,没有好坏之分,孩子只是个体差异的不同。“优秀孩子”与“不优秀孩子”的评定是我们成人习惯用某一标准评价孩子,符合自己标准的就是“好”孩子、“优秀的”孩子;不符合自己标准的就是“坏”孩子、“差”孩子。

教育不应制造、深化、刺激孩子间的差距,而应以无差别、平等、尊重的眼光看待每一个孩子。

学校是一个集体环境,它应该公平公正,给予每一个孩子平等、快乐、尊重和温情,然而,我们的教育并非如此温情和理性。

学校本属公共资源,孩子本应平等地享受教育权和成长权。

但出于公利或私利、出于学校或教育者自己的声名和利益，很多教育者把学校变成一个个冷酷的“利益市场”，把学生变成教育者获利的工具。在所谓培养“优秀学生”、“拔尖学生”的理念下，教育者热衷于在学校实行“榜样教育”、“等级教育”和“差别教育”，并让整个社会和民众认可这样的教育“合情”而又“合理”。

如：按分数排名选座位，却丝毫不顾学生的自尊；在教室里张贴“分数排名榜”，供大家“观赏”；老师按成绩让学生忍受不平等待遇；家长会上，公开通报“表现好的学生”和“表现差的学生”；按分数分“培优班”、“择优班”、“重点班”、“普通班”、“差生班”等等，把学生分成三六九等，贴上标记。

而孩子呢？却要承受“榜样教育”、“等级教育”、“差别教育”带来的巨大的精神压力。

事实上，当前这种围绕课本学习、以分数为目的的“榜样教育”、“分班教育”，根本不是“因材施教”、“有教无类”，根本不是平等尊重每个个体的受教育权，相反却是在制造歧视、不公正和不平等，玷污人的精神和灵魂，降低人的求知热情和生活信心，是一种不懂爱的教育。

然而，很多不明智的父母还是爱用“榜样”教育孩子并刺激孩子：

“他学习好，才艺好，他是你的榜样，你可要向他好好学习！也做个‘榜样生’！”

“你同学那么能干，那么聪明，你看看你，怎么就不如人家、比不过人家?”

“你也给我争争气,多学学那些‘优等生’! 看别人,总是那么优秀,那么厉害!”

“你不要为自己狡辩,为自己的低分找借口、找理由,看看你们班的第一名,为什么他总是考得好,这说明他比你厉害、比你强! 换句话说,你的能力就是差,你就不如别人……”

于是,多少孩子在这样的“榜样教育”下,在成人制造的“你比他人差、比他人笨”的暗示和刺激中非但没有进步,反而慢慢滋生很多不健康心理:

嫉妒心理

“他比我优秀,比我能干,我讨厌他!”“因为他的存在,我当不了优秀,得不到大家的表扬和肯定! 我希望他从地球上消失!”这是一种阴暗、不健康的心理——嫉妒心理。嫉妒本不是人天生的一种恶性心理,而是在“榜样教育”中刺激起来的,是受挫者遭到别人忽略、轻视、打击产生的一种不良心理。

作家毕淑敏在《被老师读作文的时候》记录了这样的一段经历:

> 读小学的时候,总爱把作文写得与众不同,所以很受老师的欣赏,老师不止一次给我的作文批过“优”的分数,还在课堂上读我的作文,讲很多表扬我的话。
>
> 被老师读作文的时候,心情像一颗怪味豆。最初当然

是甜的了，哪个学生不愿意受到老师的夸奖？可慢慢地，咸味和涩味就涌上心头。

因为下课以后，同学们的神情怪怪的。他们会说一些笑话我的话，并且，全班同学好像结成了孤立我的统一战线，跳皮筋，两边都不要我。要知道平日里，因为我个子高，跳得又好，大伙都抢着跟我一拨呢！我和谁说话，她会装作没听见扭身走开，然后故意跟别的人大声说笑，一块儿边说边看着我。

在我幼小的心里，第一次懂得了什么叫孤独和被冷落，什么叫被排斥和被嫉妒。

作文每两周讲评一次，我便要经受一次精神的炼狱。

慢慢地，我发现，同学们并不是讨厌我的作文，老师念它们的时候，大伙听得津津有味，不时还发出会意的笑声。同学们只是不喜欢老师反反复复只提一个名字：毕淑敏；反反复复只表扬一个人：毕淑敏。因为，“榜样人物”的树立让同学们的自尊和自信受到打击。

在我年长以后，我知道在心理学上，这种情况叫做“压抑”。同学们为了发泄自身的情绪，把不满的火焰转移到了我的身上。

后来，我请求老师念作文的时候，不要念出我的名字，老师应允了。于是，在以后的日子，同学们又和我友好相处了，而我，也能和大伙快活地跳皮筋。

一个群体当中,不良的教育会滋生人不健康的心理,败坏孩子原本善良的品德。榜样的树立会造成人与人的相互嫉妒、相互排斥、相互讨厌,甚至相互仇恨、相互倾轧。

自卑心理

"我不如他！我天生就比别人差!""我是一个笨小孩,我怎么努力都赶不上那些聪明的小孩!""我活着没意思,是给优秀的人作陪衬的!"这是一种否定自我、消极沉沦的自卑心理,也是因为"榜样教育"而产生的。自卑会让人陷入痛苦、灰暗和抑郁。

自大和自负心理

所谓成人标榜的"榜样孩子"、"优秀孩子",由于长期享受成人给予他们的荣誉、夸奖和宠爱,久而久之,他们会产生很强的优越感,他们难以用平等之心看待他人,甚至还会漠视比他差的同学。"榜样"、"优秀"的称号还会让这些孩子背负精神压力,滋生不健康的功利、竞争和攀比之心。

这样的孩子长大成人,他们又如何"优秀"呢？可能往往会成为一群只顾自己利益的自私之人。

人为制造的"榜样教育"会带给孩子种种痛苦和心理疾病,但有多少成人能感受到孩子的这些痛苦与不健康？

有多少成人知道孩子的痛苦与不健康是源于我们无知的

教育？

有多少成人敢于反抗这种无知的教育？

更多父母和老师不反思这种不健康的教育，不鼓起勇气反抗，他们做的却是不假思索、默认并顺从这种教育风格，甚至还为这类教育推波助澜，不断给孩子灌输这类教育的合理性与正确性，并强迫孩子接受、忍受并迎合这种榜样教育。

每个人对自己都不满意，都不想做自己，都想成为别人，成为大众眼里所谓的“榜样人物”、“光环人物”、“明星人物”和“成功人物”，以获得大众的艳羡、仰慕、赞誉和崇拜，这样的精神需求健康吗？

这样的精神需求有如“毒品”一般，刺激着人舍弃真正的健康、快乐和追求。

成人，请不要用“榜样教育”、“差别教育”对待孩子，给孩子轻松平等、无差别的成长环境，让孩子感受到每个个体平等存在的快乐和意义，让孩子获得自我和自信。

我们应教会孩子重要的人生一课：“我并不比他人差，我并不比他人低一等，我和他人是一样的。没有谁比谁更重要，没有谁是无足轻重的，每个人都是平等而重要的。”

学钢琴也这么功利

菲儿告诉我她想学钢琴。暑假两个月,菲儿经常跟着学钢琴的表姐去琴行玩,于是对钢琴也产生了兴趣。我同意了菲儿的请求。

周五是菲儿学琴的第一天,我和菲儿准时来到琴行。

钢琴老师很温和,她给菲儿上了第一课:

"女孩子学钢琴挺好。学钢琴可以使女孩将来变得气质高贵,举止优雅,有修养,有风度,并且能使她在社会中更具竞争力,更有优越感……也是增加自身资本的一个重要筹码……,现在舍得投入时间、精力、金钱,将来一定会回报很多,所以,女孩从小可要好好培养……还有,要认真学,用功弹琴,好好考级,将来高考可以加分,这样你上好大学更有优势,不怕和别人竞争……"

菲儿睁大着双眼,听得很认真,作为一个 6 岁的孩子,她可能不太明白老师讲的这些话,也不明白大人的思维为何会如此复杂。

我的心不由沉了下来：

人哪！真是可怜可悲，无处不在作茧自缚，自套枷锁，从而失去我们本可以拥有的自由和快乐。

人对知识的渴求，或者说人最初的求知欲乃是受天然的好奇心和兴趣推动，正是这纯朴本真的原动力激发人的探索精神，将人引入爱智的征途。

然而，曾几何时，我们却为本真的求知欲戴上虚伪的“面具”，我们的好学求知不再是为满足自己的好奇心，不再是为了兴趣和快乐，而异化为一种工具，一种功利，并带上虚妄：或为装点门面，用以掩盖自己的无知；或为在人前卖弄，用以满足自己的虚荣心；或为附庸世俗，而失去真正的自我；或为竞争，将别人比下去，从而获得一种优越感的欢愉，却不顾这样的欢愉是一种不健康的欢愉；或为一种服从，用以表达孩子对成人的屈服和害怕……

正是如此，很多人没有在求知中体会到快乐和幸福，相反得到的是一种自我折磨与痛苦。

譬如钢琴是很美好的一种东西，但这种美好并非指高贵、修养、气质、身份、竞争力等这些“面具”，从这些意义谈钢琴的美好是对它的亵渎。它的美好乃是：音乐源自人内心的真实感受，表达我们对生活的理解，宣泄我们的喜怒哀乐，愉悦我们的情感，丰富我们的精神世界。可以说，音乐是人类另一种美丽的语言。

我和菲儿谈心："菲儿,你为什么想学钢琴？你喜欢吗？"

菲儿不假思索地回答："当然喜欢啦！我就是觉得钢琴好好听,好好玩,才想学的！每个琴键发出的声音都不一样,就像玩游戏一样,太有意思了！"

我赞同地说："是的,钢琴既好玩又好听,那你就快乐地玩呗！"

菲儿笑了,很快乐。

看着菲儿,我不由担忧,人在幼年时候,说话做事很本真、朴实、率性,无半点虚伪、做作。但长大后的他们,有多少人能固守本真的自我？有多少人能以一种真实的态度去生活？有多少人在虚伪和做作中丧失了幸福和快乐？

当孩子处于求学阶段,许多父母和老师利用自身的权威凌驾于孩子之上,强迫孩子学习他们认为很有用的"重要知识"和"重要才艺"。

时下中国小学生流行学奥数,成人不是为了引导孩子对数学的热爱和探索,而是为了加分升学的功利需求,甚至不惜以败坏孩子的学习胃口和探索精神为代价;成人逼着孩子倾其所有时间和精力死读几本教科书,操练成堆的重复作业和试卷,不是为了引导孩子热爱读书,探求智慧,而是为了高分的虚荣和实惠;成人送孩子参加各种各样的培训班或才艺班,不是为尊重孩子的兴趣爱好,也不是真正给孩子健康的素质教育,而更多的却是鼓励孩子与他人竞争,为了"不输在起跑线上",从而获得一种赛过别人的优越感。

经过十几年这样的熏陶、灌输和强压，孩子能做的只是屈从和适应，待他们长大成人，当他们步入功利化的世俗社会，他们早已丧失说真话、做真事、真实生活的能力，他们说着言不由衷的话语，做着自己不喜欢的工作，效仿着别人的生活方式，附庸并去追求一切世俗化的价值标准，哪怕这些价值标准违背自己的内心意愿，并把人引向庸常与痛苦，他们也乐此不疲。

因为，此时的他们早已不具备自我辨别能力和自我判断能力，早已蜕变为“肉体是自己的，思想是别人的”，他们只是一架会说话的机器而已。

人若失去因本性而起的求知欲，若失去自我辨别能力和取舍能力，人又怎能获得快乐与智慧？

人会陷入愚蠢与痛苦。

人的所思、所想、所做应远离权威、世俗、虚荣、伪善和功利，我们应尊重和听命于我们的内心感受，并以我们内心真实的感受去坚定我们自己要的生活。

脏是孩子的正当权利

下午3点，我来到小学门口，等待菲儿的放学。

三个小男孩刚刚放学，正聚在一起玩“弹纸片”的游戏。我很感兴趣，便走近看他们玩。

男孩们都在聚精会神地弹纸片，他们时而跪在地上，时而半蹲着，时而又趴在地上，有时，男孩们甚至侧身躺在满是灰尘的水泥地上寻求最佳的角度弹纸片，孩子们都想获得自己最理想的“战绩”。

此时，男孩们的衣服、裤子、手、脸早已沾满了很多灰尘和地上的脏碎屑，而他们自己却全然不知，也全然不顾，他们只是更频繁地改变跪地的姿势以求“弹”得精确，“弹”得完美，孩子们专注认真的神情绝不亚于科学家正在实验室进行重要的发明创造，每当孩子们弹出自己理想的“成绩”时，他们的脸上会绽放出孩童特有的纯真和快乐。

我被孩子的快乐和专注打动。

我感叹，这就是孩子！他们在“脏”中体味人生最初的快乐，锻炼自己的四肢和大脑，寻找着知识和智慧。

但是，有多少成人懂得呢？有多少成人理解呢？

正当我沉浸在这三个小男孩的快乐中，耳旁忽然响起一声怒吼："张斌，你这个邋遢鬼，你赶快站起来，你看看你的裤子！你的衣服！你的手！你的脸！都脏成什么样了？你这么大的人，还趴在地上玩，不怕脏，真不知羞！走！走！你马上给我回去！"

原来，其中一个孩子的妈妈来了，妈妈看到她的孩子趴在地上玩，孩子满身的"脏"使她满脸怒气。

名叫张斌的小男孩神情沮丧，低着头，走在妈妈的身边，没有言语。因为他的妈妈还在喋喋不休、生气地训斥他不懂事，不爱干净，像个脏兮兮的"叫花子"。

唉！这位生气的妈妈只看到了孩子衣服的脏，却没看到孩子的童趣与快乐。

很多成人认为"干净"意味着"文明"，"干净"意味着"教养"，为把孩子培养成"干净有教养"的"文明人"，成人常常强迫孩子放弃这种快乐的天然权利，甚至不惜用责备、训斥、打骂的方式剥夺这种权利。

一次在花市，我看见一对年轻父母带着他们的孩子在买花，这个四岁左右的小男孩被花市繁多美丽的花所吸引，他东望望、西望望，最后男孩的目光盯住了一盆花，便走过去观看。

可没过几分钟，男孩的妈妈尖声嚷道："哎呀，宝贝，你快看看你的鞋子，你怎么站在那么脏的地方，快！你快过来！"

大人的眼光总是先落在孩子的脏上,却忽略了孩子专注的事情!

男孩的爸爸快步走来,牵起男孩的手,想让男孩离开。小男孩不愿意,他对爸爸说:“爸爸,我正在数每朵花有多少花瓣!”

“走吧,宝贝,看别的花吧,花到处都是,找盆干净的花看,这盆花旁边全是脏水,你看看你的新鞋都被弄脏了,干净的宝宝才是好宝宝!”爸爸说。

“可是,爸爸,我想数这盆花的花瓣,让我数完,好不好?”小男孩央求说。

爸爸没有同意,一把抱起男孩,走开了。

男孩的眼泪几乎要掉出来了,男孩在爸爸的怀抱中挣扎扭动,嚷着:“我要数花,我要数花!”男孩频频扭头看那盆他想看的花。

爸爸不耐烦了,有些生气:“宝贝,告诉你了,那里好脏!你怎么这么不听话,下次不带你出来了!”

爸爸生气恐吓的语言让男孩停止了他的请求。

孩子想做的事情不过如此简单、合理而又健康,可有时偏偏被我们成人粗暴而又无情地制止。

成人,为何不多些智慧?

孩子的“脏”恰恰是求知和好奇的体现。

在孩子成长的过程中,很多成人对年幼的孩子提出这样一条不合儿童天性的要求:做一个干净的小孩。

于是,因为要保持干净整洁,所以不可以随地坐;不可以趴在地上玩、看小虫、看蚂蚁;不可以摸树、摸花,摸草;不可以玩泥土,不可以玩沙子,不可以随地躺下来;不可以……

因为要保持干净整洁,孩子的成长要背负太多太多的"不可以"。

可是成人,你们有没有想过,你们要的"干净文明"、你们规定的"不可以"合乎孩童的天性吗?合乎孩童的健康吗?

当孩子降临于世,当孩子睁着一双好奇的眼睛注视着这个世界,当他们想用自己的双手、双脚触摸和感知世界时,有多少父母,有多少成人支持和鼓励孩子探索的尝试?支持和鼓励孩子在探索中弄脏自己?

常听见成人喋喋不休、不厌其烦教育孩子"做一个干净的小孩",甚至目睹很多成人数落、斥责、打骂他们年幼的孩子,仅仅因为孩子弄脏了他们的衣服、裤子、小手和小脸,成人常常把孩子的"脏"和"不干净"当成一个天大的错加以辱骂和惩罚。于是,在整日、整年被频繁灌输"干净"的理念之后,孩子慢慢便获得这样的一种有关"文明"的认识:不可以弄脏自己,弄脏自己就是在犯错,就要受惩罚。当这些孩子长大成人,他们又会用这样的"文明"观念影响和干涉下一代孩子正当的自由行为。

如此的生活观念便代代相传。

事实上,我们这种"干净文明"的想法,我们对孩子做出的种种"不可以"的规定,却是在妨碍孩子的健康成长,制约孩子的智力发育,束缚孩子的创造能力,会令孩子木讷、愚笨、消极,并让孩子失去童年的快乐和幸福。

做文明有教养的人固然不错，但“文明教养”的理解如果仅仅是脸、手、衣服、外表的干净整洁和一尘不染，甚至是服饰的华美、富贵、奢侈，并且若为这种表面的干净虚荣而牺牲孩子的好奇、快乐、求知与探索，我认为，这样的文明教养该是多么幼稚、蠢笨和肤浅。

印度诗人泰戈尔在他的诗篇《华美的装束》中写道：

> 那穿着王子衣袍，带着钻石项链的小孩，他失去了一切游戏的快乐，他的服饰总牵绊他的脚步。
>
> 他远离世界，甚至不敢挪动，因为怕弄破或污损他的衣饰。
>
> 母亲，你华美的装束，将人和世俗健康的土壤隔绝，剥夺了人进入日常生活的盛大集会的权利，这毫无裨益。

对孩子而言，“干净”是一道令人窒息的枷锁。

是的，我要说，脏是孩子的正当权利，脏是孩子快乐的源泉，脏让孩子学会玩，学会观察，学会感知，学会思考，学会快乐，甚至学会享受人生。

菲儿，记得你从学会爬开始，玩起来可是和男孩没有任何区别。6 岁的你，现在依然和过去一样，仍喜欢坐在地上玩，趴在地上看蚂蚁、玩沙子，爱触摸一切你感兴趣的事物却不在乎它是否会弄脏你的手。

早晨，你总是干干净净，整整齐齐，到了晚上，你却大变模样，成了一个脏兮兮的小女孩，你总是抬着你的“大花脸”快乐地对我笑，而我从不因为你的脏责备你、训斥你，从不因为看见一个脏脏的你而心烦，从没有认为你不文明，没教养，也不会为洗你的脏衣服而迁怒于你；相反，看到你的脏手、花脸、不干净的衣服，我很快乐，因为我知道，你度过了很享受的一天。

可是，很多孩子却没你这样幸运，很多“爱”孩子的父母为他们的女孩提出“淑女”原则，要求她们的衣服时刻保持干净整洁，小手小脸一尘不染，像“女孩样”。对男孩也是如此，他们告诉自己的孩子，“干净男孩”才是能干懂事的孩子。可这样的“淑女原则”、“干净男孩”让多少女孩男孩丧失健康、活力、快乐和智慧！

菲儿，妈妈爱你，我不要你做徒有外表的淑女而丧失人的健康和快乐。

再读读泰戈尔的《责备》吧！

为什么你眼里有了眼泪，我的孩子？
他们真是可怕，常常无谓地责备你！

你写字时墨水玷污了你的手和脸——这就是他们所以骂你龌龊的缘故么？

呵，呸！他们也敢因为圆圆的月儿用墨水涂了脸，便骂它龌龊么？

他们总要为了每一件小事去责备你，我的孩子。他们总是无谓地寻人错处。

你游戏时扯破了你的衣服——这就是他们说你不整洁的缘故么？

呵，呸！秋之晨从它的破碎的云衣中露出微笑。那么，他们要叫它什么呢？

他们对你说什么话，尽管可以不去理睬他，我的孩子。

他们把你做错的事长长地记了一笔账。

谁都知道你是十分喜欢糖果哦——这就是他们所以称你作贪婪的缘故么？

呵，呸！我们是喜欢你的，那么，他们要叫我们什么呢？

二　学校的“规矩”抹杀了上学的快乐

女孩子就不能追逐打闹吗？

中午，菲儿放学回来，情绪有些低落。

我给了菲儿一个大大的拥抱，关切地问道："菲儿，今天在学校开心吗？"

菲儿摇摇头，沮丧地说："妈妈，今天我真不开心！"

抱着她，我坐了下来："哦，菲儿，别担心，告诉妈妈，什么事让你不开心，我可以帮助你！"

菲儿认真讲了起来："课间的时候，我去隔壁班找我的好朋友周思怡玩，可她不能出来和我玩了！"

"这是为什么啊？"我很疑惑，"你们俩闹矛盾了？"

菲儿摇摇头，满脸苦恼："今天，他们班老师批评了他们班的女孩子，说女孩子一下课怎么能和男孩子一个样！一点儿也不安静，打打闹闹，跑来跑去！简直就是一群'疯子'，疯疯癫癫，疯得一身臭汗，怎么还有心思上课？老师要她们以后不要去教室外面玩闹，要安安静静呆在教室里，老师还说，女孩子要文静，不要疯疯癫癫！安静的女孩才是好女孩，追逐打闹的女孩不是好女孩，只会招人讨厌，周思怡想表现好，想做好女孩，所以课间她不再出来和我玩了。想到以后下课不能和她一块玩，我就特别的不开心！”

菲儿似乎又想起了什么，睁着一双大眼，满脸疑惑地问我：

“妈妈，我课间也喜欢在操场上奔跑追逐，爱和同学玩抓人游戏，我们觉得很快乐，很开心，很好玩！可是，如果我这样玩，这样跑，那我也是个‘疯子’吗？难道只有男孩才可以追逐打闹吗？”

我摇摇头，告诉菲儿：“不，菲儿，女孩和男孩是一样的，都爱玩、爱动、爱跑、爱快乐，这是孩子的天性。操场是每个孩子的乐园，在操场上奔跑、追逐、玩耍能给予孩子健康和快乐，这是孩子的正当权利，菲儿，你没有做错什么，你不要为此烦恼和自责，好吗？”

菲儿点点头，放下心来。

我的心却无法平静：

陈腐的观念仍在深深影响我们的教育，剥夺孩子的童趣与快乐，妨碍孩子的健康成长，甚至对孩子的心理和性格造成不良影响。

生活中最可怕的事不是他人奴役你，而是我们错把思想的糟粕当成精华，把谬误当成真理，用错误的观念支配自己、奴役自己。

女子若想获得幸福与快乐，就必须打碎套在自己身上的枷锁，去除陈腐的糟粕，让自己的身体和心灵获得解放，如此，才会拥有自由快乐生活。若我们固守这些糟粕，并又传递给下一代，我们如何企盼我们的孩子幸福呢？

事实上，女孩在儿童期基本上与男孩没有什么性别差异，活泼好动是男孩女孩共有的特征，同时也是儿童的最大优点。

孩子是在奔跑、追逐、嬉笑中健康成长的！

这令孩子的身体更为强健，令孩子的智力发展更好，并且，活泼好动是儿童的天性，体现了儿童的健康心理。活泼开朗的孩子对生活充满热爱、积极、乐观、朝气蓬勃，抑郁的孩子会对生活失望、消极、悲观和死气沉沉。

所以，我们成人不要看到女孩活泼好动就心生厌烦，不要用“疯疯癫癫”指责并训斥活泼好动的女孩，不要因为女孩在奔跑运动中损伤一些皮肉就禁止她们的正常活动，更不要把“安静听话”作为淑女的原则束缚她们。相反，看到女孩的积极、活泼、好动，我们要感到高兴，要肯定这种天性，并尊重这种天性，还要向女孩传递一个信息：活泼好动是孩子的正当权利，尽情享受奔跑追逐带来的快乐与健康。

让我们的女孩拥有像男孩一样健康强壮的身体；具备同男子一样聪明理性的大脑；用积极健康的人生态度去获取智慧、独立和自由。这样，她们才有真正的幸福。

菲儿，我要对你说：

奔跑吧，追逐吧，欢笑吧，这会使你健康和快乐。

学校像“牢笼”！

最近，菲儿在学校有了新的烦恼。

事情是这样的：

菲儿告诉我，课间10分钟是班上小朋友最开心的时候。因为孩子们可以在教室外、篮球场、运动场上自由地玩耍。有的孩子玩抓人游戏，有的孩子蹦蹦跳跳，有的互相追逐，有的跳绳，有的在体育器械上玩耍，还有的孩子会趴在草丛中找小虫子、看植物……总之，开心极了，每个孩子都能找到自己的乐趣！

但是现在，这种自由和快乐就要被限制、被剥夺。

因为老师为孩子们制定了一条新的班规：课间不能到教室外面的篮球场、运动场上玩耍奔跑，只能在教室里或教室外的走廊过道里玩，违者要挨批评或受罚。结果，老师的这个新规定导致大部分孩子在课间只能呆在教室里，呆在自己的座位上。这样，孩子整个上午就要在教室里差不多连坐4个多小时，对于6、7岁的孩子，这岂不是一种“囚禁”？

成人为何要作出这样有违常理的规定？

成人为何要剥夺孩子正当的自由和快乐?

有的成人认为孩子在课间玩得满头大汗,东奔西跑,心玩野了,上课不容易静下心来,不利于课堂认真学习,所以要求孩子在课间保持安静状态。

事实上,处于儿童期(2～12岁)的孩子性格活泼好动,对事物难以保持长久的专注,孩子能认真听完40分钟的一节课已是非常不易。若老师的讲课枯燥乏味,在孩子的眼里就更是一种痛苦,一种折磨!而课间休息则是一种放松和调节,既增强孩子的体质,又为下一节课的专注听讲作准备。

课间自由活动给孩子健康和快乐,对孩子的身体和学习非常重要,若孩子整日被束缚在教室、课堂、书本、作业中,那么学校将不再是儿童求知的乐园,而是一座摧残儿童的“牢笼”。

有的成人认为孩子课间在运动场上奔跑、玩游戏、互相追逐打闹会发生意外,会有受伤的危险。为避免这类事故发生,孩子呆在教室里比较安全。

这样的观念利于孩子健康成长吗?

孩子在学校的运动场所自由活动、追逐打闹有时的确会有意外,会有危险,但这种意外和危险通常只会是皮肉的损伤,不会有生命危险。孩子的成长过程中,若因看重孩子的皮肉无损而抑制他们健康合理的自由活动,这会让孩子失去更重要的东西:精神快乐的需求。岂不因小失大?

有的成人认为孩子在课后自由地玩耍,是一种自我放纵,久而久之,孩子会变得没有规矩,难以调教,孩子应该安静和守规矩。

这样的教育观念简直是违背了人的天性。

在社会群体中,人既要有合理的约束,但也需要个体的正当自由。

只有约束、只受他人支配的生活,这会让孩子失去活力和创造力,精神萎靡。孩子的行为若都在成人的约束和安排之下,连课间 10 分钟的自由权利都无法正当享受,这样的孩子只是一具"玩偶",他会丧失独立自主的精神和气质,给予孩子正当的自由才能让孩子充满活力,具备创造精神。课间 10 分钟正是孩子充分享受自由的快乐时光。

很多国人质疑:当今中国,不少孩子上学后,亮晶晶的眼睛为何变得黯淡无光?不少孩子上学前能问十万个为什么,而上学后竟连一个为什么也问不出来了?不少孩子为何觉得学校没有快乐?学习是一种苦役?

我想:禁止孩子正当的娱乐,剥夺孩子正当的自由是其中原因之一。

当我们成人为孩子制定各种生活规则和学习要求时,应从人性的角度出发,而不要束缚和绑架孩子的天性。

学校应成为孩子求知的乐园,精神幸福的家园,学校不应是一座死气沉沉的"牢笼",让孩子的身体和精神未老先衰。

“我想当班长，因为‘官’最大”

吃过中饭，菲儿和我聊开了：

“妈妈，告诉你一件事，我们班快要选班干部了，我想当班长！”

“菲儿，你想当班长！为什么？”我很想知道原因。

“当班长好呗！老师说了，班长是班上最棒最优秀的孩子，只有表现最好、成绩最优秀的学生才可以做班长！我想做最优秀的人，这样老师和小朋友都会喜欢我！我们老师还说了，班长是班上最大的‘官’，权力最大！可以管所有的人！老师不在时，大家都要听班长的话，谁不听班长的话，班长就有权让他到教室后面罚站！妈妈，我可不想被别人罚站！所以，我要争取当班长！这样我就有比其他同学更多的自由和权利！”菲儿滔滔不绝对我说完这番话。

我内心一怔：在老师的眼里，在我们许多成年人的观念里，“班长”竟被设置成一种“荣耀”和“权力”，并且，老师竟诱导还如此年幼的孩子期盼和争夺这种“荣耀”和“权力”。

我万万没想到菲儿想当班长竟是被“荣耀”和“权力”所吸引。

孩子原本善良、纯洁、淳朴，本不懂名利为何物，本无名利之心，但若被成人引诱、鼓励、刺激，孩子被置于一个争夺荣耀和权力的环境，则会不自觉地渴望并追逐荣耀和权力，慢慢地，孩子学会虚荣、伪善、逢迎、狡诈、自私、嫉妒、冷酷，人性的恶开始一点点膨胀，孩子也会因为染上这些“恶”陷入病态、痛苦、烦恼和焦虑。

难道我们还不醒悟：成人世界的不公、欺压、争夺、焦虑和痛苦便是源自这种追名逐利的价值观？

我们为何要将孩子引入“恶”与“痛苦”的生活追求中？教孩子误用“公共权力”？

我们应将孩子引入善与幸福的生活。

成人不应将“公共权力”设置成个人权威和荣耀，诱导和刺激孩子期盼并争夺这种荣耀，这会导致孩子成年后把荣耀名利作为人生追求的目标。

我们应让孩子明白：班干部职务是一种公共事务、公共权力的体现，孩子从中获得的不是荣耀和名利，不是虚荣和权威，而是集体事务的参与意识、社会责任心和社会义务感。公共职务不应成为某个所谓“优秀”孩子的特权和专享，而应让每个孩子都能体验并参与管理公共事务，帮助孩子正确认识公共权力和运用公共权力。公共权力不应是少数人或极个别人的专利，而应是多数人或全体人的权利。

国人纳闷：为何中国民众对社会事务和公共事务不热心，不具备积极的政治参与热情？

有一个原因即是：我们的孩童从受教育开始，就处在一个成人营造的“人管人”的环境之中。孩子对公共事务参与的热情和权利被否定、被排除、被剥夺，久而久之，孩子对公共事务的参与意识淡薄。当孩子长大成人之后，他们又如何具备关心国事和社会事务的意识和能力？漠然态度只会成为一种必然。

成人不应教孩子滥用公共权力或畏惧公共权力。

公共权力是服务精神的体现，是“公权”，不是“私权”，不是用来展示个人权威，更不是监管他人、役使他人的工具。

私欲和权威的膨胀势必会滋生专横的心理，进而导致蛮横专行，并要求其他孩子听命于他。这种心理和行为是由独享权力造成的，不是人的天性导致。在专横的氛围中，其他孩子慢慢会畏惧公共权力，屈服并认可掌握公共权力的人，只知服从和听命的孩子便也日渐形成。

中国古代社会，为何民众害怕官员？

其实民众怕的不是官员本人，而是官员手中掌握的政治公共权力。这种权力具有生杀予夺的威力，它不是用来体现民生福祉，更多是用来实现掌权者个人的意志、威严和私欲，甚至不惜奴役他人、压迫大众。

应该承认：公共权力可以造福民众，但也可以祸害民众。

公共权力应成为服务大众的“善”的权力，而不是满足个人私欲的“恶”的权力。

人不是天生的暴君，人也不是天生的奴隶。

我们没有教会孩子文明，却教会了孩子野蛮；我们没有教会孩子平等，却教会了孩子专制与奴性。

“双面”班长

菲儿给我讲述了他们的班长：

今天，我看见了一个“小霸主”！

早上8点，小孩开始早读课。

班长拿着教鞭，在教室里来回走动，两只眼睛像鹰一样，认真盯着每个同学，只要哪个同学嘴巴没动或者读得不卖力，就会立刻被她揪出来，接受她的惩罚。班长的这种职权是老师授予的，说早读课由班长来“管理”我们，“监督”我们。

班长如此认真而卖力地监督，让我们每个孩子都感到害怕，不得不有口无心地读着那些早已读了百遍的语文课文，如《柳树醒了》、《邓小平爷爷植树》……反复读着：“树梢、树梢、树梢；打雷，打雷，打雷；柳树，柳树，柳树……”

几分钟后，有些同学无法忍受这样乏味枯燥的“苦差事”，开始开小差，有的偷偷讲话，有的看窗外，有的不动嘴了……

这一切自然逃不过班长锐利的眼睛，她怒气冲冲，走到这些孩子的面前，训斥他们：“谁让你们讲话的？谁让你们开小差的？你们不好好读书，就知道讲话，你们讲个屁啊！”班长训人的神态和口气真像我们的老师。

于是，班长把这些“读书不认真”的孩子一个个揪出来，虽然这些孩子不愿站到讲台前“出丑”，但最终还是被班长用蛮力拉到讲台前。

班上安静下来了，都在看班长如何惩罚他们。

班长共揪出七个孩子，五个男生，两个女生，班长让他们在讲台上站成一排，这几个孩子的眼神是委屈的，可怜巴巴的，可班长却不管这些，她拿着教鞭，大声命令他们：“现在，你们开始蹲马步吧！”

在小学，“蹲马步”是老师惩罚孩了惯用的一种手段。

“蹲马步”很令人难受，这种惩罚不仅让身体受累，最受不了的是自尊心受辱，被罚的孩子需要在全班面前表演这种姿势。七个孩子不愿意接受这种惩罚，班长生气了，她晃了晃教鞭，威胁说：“你们不蹲，我等会儿报告老师，老师说了，让我管好你们，谁不认真读书，谁就要被罚蹲马步！”

班长的威胁与恐吓让这几个孩子屈服了，他们按照班长的指示，开始蹲马步。班长重新拿起教鞭，神气地来回走动，认真监督这几个孩子是否在“偷懒”，还不时提醒他们的动作不够标准。

蹲马步很累，时间一长，七个小孩就撑不住了，可班长毫不同情，不断要求他们保持标准的姿势。最后王大成因为太累，开始反抗，拒绝蹲。班长竟用手上的教鞭打了他一下，严肃地说：

“你不蹲，我就打你，老师说了，让我管好你们这些不听老师话的小孩，谁不听话，我就打谁！”

“你蹲不蹲?”班长威胁道。

王大成昂着头，站直身子，不服从班长的命令。

双方正僵持着，老师进来了，王大成似乎看到了希望，用求助的口吻告诉老师：“老师，班长用鞭子打我！”

问明情况后，老师凶巴巴地对王大成说：“班长打得好，班长没做错，这是我规定的，不好好早读的人，班长就可以拉他到讲台前‘献丑’、‘亮相’、‘蹲马步’，不好好蹲的话，还要挨打，看你们怕不怕！王大成，你现在给我站到那个角落里去，继续蹲，蹲一节课，我看你长不长记性！”

接着，老师严肃地说道：“我不在的时候，班长就是你们的小老师，帮我‘管理’你们、‘监督’你们，你们不听她，反驳她，她就可以代我惩罚你们！你们不要以为我不在的时候，我就管不到你们，你们就可以无法无天，就想偷懒，不认真读书，不守规矩，不按我说的去做……”

这样的场景让我明白：孩子所处的教育环境很不健康。

成人并没有把孩子当成平等人一样看待，孩子被成人视为一件不可信任的“物品”，是用来“监管”、“支配”和“操控”的。

班长是小小的“监管人”，她威风凛凛，像个“小霸主”，但班长这种凌驾于他人之上的威风气势不是天生的，却是成人刻意培养出来的。

班长还只是一个7岁的孩子，还不懂善恶，还没有是非辨别能力。班长做出这种行为，是被成人指使，她只是在执行成人的命令罢了。在成人的鼓励和支持下，这位小班长也许还把这种监管人、惩罚人的行为视为理所应当，当成一种“职责”和“荣耀”。

班长的威风让其他孩子形成这样的意识：班长的地位高于我们，班长可以惩罚我们任何一个人，这是成人授予她的特权。

于是，被罚的孩子在强力的恐吓之下，只能屈服和接受这种不公正的羞辱，不懂也不敢维护自己合理的权益。若干年后，当这些孩子长大成人步入社会，他们早已形成这样的观念并屈服这样的社会现实：人与人不是平等的，有些人生来就可以对另一些人颐指气使的。

可是，当他们不过还是一群六七岁的孩童，还没有是非善恶辨别能力，成人就把他们抛入一个服从与被服从的生活环境，他们长大后怎可能有是非善恶的观念呢？失去善恶标准，人们便会视“不平等”为生存法则，习惯“不平等”的社会环境，习惯恃强凌弱。

人性的“丑”与“恶”不是天性，它的嚣张、膨胀与释放更多是来自外部不健康环境的培养、刺激与熏陶。

儿童身上的“恶”，是源自成人的灌输、教唆与栽培。

教育应克服蒙昧、无知与恶性。

教育应给人真、善、美的滋养。

班长成了大家的“宠儿”！

菲儿告诉我：

昨天，全班孩子都见证了班长惩罚同学“蹲马步”，老师支持和肯定班长的管人行为。于是，孩子都懂得了：班长的权力好大，班长好威风！

“管人”的权力使班长在班上“特殊”起来。

现在，很多同学不再像以前一样，自然、真诚、按自己的喜好去寻找玩伴，很多同学开始向班长靠拢，主动找她玩，甚至还有的同学开始用一些“物品”讨好班长，送她铅笔、橡皮、尺子或其他一些小玩意……

这样的氛围使班长也开始习惯并默认自己在班上的“特殊地位”，大方接受同学“馈赠”的礼物，在大家的簇拥下，她不免虚荣起来，甚至自傲。慢慢地，班长也认为自己是班上最出色、最优秀、最值得大家喜欢的人。

其实小孩们心里都明白，自己并不是真正喜欢她，而只是惧怕她，准确地说，惧怕她手中“管人”的权力，班长拥有“监管”和“惩罚”的权力，班长可以记名字、打小报告、训斥小朋友……

班长“管人”刚开始很公正，严格遵守老师的规定秉公办事。但慢慢地，小孩发现“独断专权”让班长滋生了不良的“个人私欲”：班长开始“以权谋私”，利用“管人”的权力做不公正的事：庇护跟她关系好的同学，冤枉跟她关系不好的同学：早读课读得不卖力、上课讲话等等，然后班长借这些“错”狠狠告上一状,班长有时自己也会亲自动手打这些同学以作惩罚……

班长的"变质"行为让菲儿他们感觉可怕,她已不再是和其他人一样的孩子,而成为一种"权威"的化身,成为"主宰"!

于是,有的孩子胆小顺从,屈服于班长的管教;有的孩子软弱怕事,受欺侮不敢吭声;有的曲意逢迎,讨好奉承;有的以权谋私,打击报复;有的恃强凌弱,欺负弱者……

纯真的孩子本不应过早地显露人性的这些缺陷!

谁的错?

成人,成人在教育中充当了不正确的引导者。

成人为孩子设置不健康的"公共权力",让孩子误用"公共权力",把它当做实现个人意志的工具,欺负和不尊重他人。于是,"恶"性逐渐压倒孩子身上的"善"性,孩子渐渐染上成人身上的"病症":自私、虚假、专制、霸道、野蛮、逢迎、软弱、怯懦……

当我们感叹孩子逐渐失去孩子的"童真"和"善性",染上种种"恶性"时,我们有没有反思:

我们成人有没有充当一个"恶"的教唆者和引导者?

我们成人有没有弄脏孩子的成长环境?

我们成人有没有给予孩子"善"的观念和"善"的认识?

恶的观念导致人的恶行;善的观念给人善行。

班长也有苦恼!

菲儿说:

现在，我们全班小孩对班长既敬畏又羡慕，敬畏是因为害怕班长用手中的权力惩罚自己，羡慕是因为班长被老师认为是班上的“最优秀者”，班长是老师的宠儿！

班长似乎成了班上最神气、最快乐、最没有烦恼的小孩！

但慢慢地，孩子们发现，班长并非总是快乐，班长也有苦恼。

班长有一项重要的任务：管好课前纪律，保持教室安静，禁止学生讲话和喧闹。有一次上课打铃之后，老师走进教室，发现班上很嘈杂，闹哄哄的，老师很生气。老师开始责问班长：“李浩楠，你看看你这个班长怎么当的？打铃了还那么多同学在讲话，你不管！要是我进来看见谁在讲话，我早就一巴掌扇过去了，看他们还敢说话！班长没有威信，不狠，怎么管纪律？你纪律管不好，怎么当班长？你要是这么不称职，管不好的话，我就撤你的职，让别人来当！”

班长的小脸倍感委屈，她不敢申辩。

其实小孩都清楚，不是班长不称职，而是老师给班长的这项任务不科学、不合理。因为孩子们天性活泼，聚在一起就爱说笑，班长有时施以暴力都无法管住这种活泼天性。可老师却认为，班长是她委任的“监督员”，只要用暴力的管理方法，就可以把孩子们训得服服帖帖，所以老师认为班长没管好纪律，是班长的失职。

还有一次，班长在课间和同学玩得满头大汗被老师看到了，老师板着脸责备班长怎么不遵守老师的规定：课间要安安静静,不要玩得像"疯子"一样,全身臭汗。语文课上,班长忘记带语文书,老师很严厉地批评她:"身为一班之长,你不守纪律,下课玩得像'疯子'一样!上课又不带课本!你的带头作用去哪儿了?你怎么跟其他普通同学没什么区别?那我选你当班长干什么?班长就是要和其他人不一样,要以身作则!……"

但是,估计老师忘记了这一点:班长和其他孩子一样,她还只是个孩子!她也有童心,也需要开心地玩,也会偶尔忘带东西,上课会和同桌讲讲话,会开开小差,犯犯小错,考试成绩会不稳定,也不爱做作业、不爱读课本……

班长其实没什么不同,可老师偏要把她看成和其他人不一样,把她看得比常人"优秀"、"聪明"、"非凡"、"与众不同"!

当然,这也让班长陷入不幸。

她要承受"优秀"、"聪明"、"非凡"、"与众不同"带来的压力和烦恼。

有一次上课,老师问我们大家谁能背诵《风娃娃》这篇课文,全班同学没人举手。老师便把目光定在班长的身上,用期待的口吻说:"我聪明的班长,现在该是你给大家表现的时候了!"

班长站起来,摇摇头,表示也不会背。

老师很失望,又很诧异:"你也不会背?别人不会,我可以理解!可你是班长,你是因为学习好,成绩好,我才选你当班长,你不会背,怎么显示你的优秀?怎么给别人当榜样?怎么在班上树立威信?你在家别光顾着玩,多花点心思在学习上,一班之长应当在学习上做标兵,起着模范的作用!……"

在老师的眼里,班长是考高分的"好马",比一般同学聪明,所以班长必须要保持好的考分,不可以"好马失蹄"。一次语文单元测验,班长考了89分,老师在全班同学面前扬起班长的卷子,说:"大家看看,我们的班长最近大脑是不是不清醒,玩糊涂了,这次考试竟然只考了89分,连普通同学都不如,很多普通同学都考了90多分!班长考得这么差,让大家怎么向班长学习?班长听好了,你下次还考这么差,就不配做班长,我要换别人了!别看你是班长,平时总是表扬你,你做得不好,我一样地批评,我做事很公正,不会包庇任何一个人!……"

当老师说着这些讥讽和责备的话时,班长的头埋得低低的,眼泪不断落下来。

这时的班长真可怜,她没有了往日"管"人的神气和自信。

而平时被班长"罚"过和"整"过的孩子这时都很开心,脸上的表情幸灾乐祸,甚至有些同学还快乐地笑出声。

班长也是不幸的。

这真的令我难过和遗憾:孩子年纪小小,却已经有了不友好的嘲笑心理和报复心理,这很不应该,可孩子们对班长的嘲笑、敌意、忌恨、不友好、不喜欢却又是真实和发自内心的。

我想不是班长本人,而是班长手中的"特权"以及班长用这种"特权"对其他同学进行伤害和欺负才导致大家对班长的讨厌、嘲笑和敌意。

人的同情、怜悯、关心、善良需要在相互尊重的环境中得以滋润和培养。

但是,我们成人却没有给孩子一个相互尊重、友爱的环境。

在老师的眼里,班长只是一个“管人的工具”。

老师选定一个孩子当班长,不是让大家感受到班集体的友好和温馨,教会大家正确认识公共权力,培养公共服务意识,老师却是想把班长塑造成“学习好,守规矩,听话,管人”的理想角色,然后再把班长作为“模板”、“榜样”加以推广,要求全班同学效而仿之,让全体同学达到老师设定的样子。

此外,班长还要以“榜样身份”监管其他孩子,强迫其他孩子也按照老师的要求做,班长若没有达到老师的要求,便被视为“不称职”,班长便会受到老师的打击、批评和否定。

这样的教育环境,孩子难以接近幸福和善。

一个以服从个人意志为己任、不尊重他人尊严的环境里,每个人的命运都将相同:屈从和认命,没有自我。

成人社会也是如此,当社会公共权力一旦失去民众监督为私所用,腐败、混乱、不公、争夺、欺压、奴役便会大行其道。

“规矩”合乎人性吗？

中午，菲儿放学回来。

菲儿嚷道：“爸爸，妈妈，我回来了！”

“菲儿，今天在学校开心吗？”我笑着问她。

菲儿快乐地：“开心！同学们都开心！不过，我们张老师今天不开心！”

我好奇：“哦？张老师为什么不开心？”

“妈妈，是有关‘规矩’的事情。今天早上老师站在讲台上，板着脸，很生气，对我们发脾气，凶我们，‘哼！你们班太不像话了，我定的规矩不好好遵守，全当耳边风！你们这么小，就不好好听话，长大还怎么学好？’”

我疑惑：“菲儿，老师要求你们遵守什么样的‘规矩’？”

菲儿认认真真讲了起来：“老师给我们定的规矩有好多。第一，早读课不准闹哄哄，讲闲话，全班集体认真读书。第二，上课要专心听讲，不准做小动作，不能讲话，不能开小差。第三，上课要坐端正，双手重叠放在桌子上，背坐直，没有特殊情况不能乱动。第四，课间不能到操场上去疯跑，只能在教室里或走廊上玩。我们老师发现很多小朋友没有遵守这些规矩，所以她很生气，今天就骂了我们。她还说，下次谁不遵守这些规矩，谁就要受罚。”

听菲儿说完这些“规矩”，我忽然感悟：

很多时候，成人对孩子的生气和责备毫无道理。成人总是想当然地把他们认为“合理”、“正确”的东西强加给孩子，当孩子出于天性无法接受，有时甚至想挣脱这些所谓“合理”、“正确”的东西时，成人却认为孩子不守规矩，犯了大错，要加以“惩罚”或“修正”。

不可否认，人的生活需要规矩和秩序，人方能成为理性智慧之人。

但规矩却有合理规矩和不合理规矩之分，即符合人性的规矩和不符合人性的规矩。合乎人性的规矩对人的成长有益，给人健康和幸福；而不合人性的规矩则会摧残人和教坏人。

看看菲儿老师为孩子们制定的“规矩”，这些“规矩”符合儿童的身心特点吗？

关于早读课的规矩

每天早读课，老师要求六、七岁的孩子主动、积极、认真地反复朗读已学过的语文课文，谁不认真读，谁就要受罚。

这样的读书符合儿童的求知特点和求知欲望吗？

为何孩子对早读课表现出不情愿、厌烦甚至排斥？为何孩子在早读课无法做到专注、认真、好学？

6 岁的孩子刚刚跨入求知的大门，好奇心强，学习兴趣很浓，可却被成人强迫反复咀嚼一本教科书，反复朗读课文、词语、数学公式。孩子出于本能会抵抗这种枯燥乏味的读书。因而，早读课上孩子无法做到专心认真读书，会闹哄哄、开小差。可面对孩子“不情愿读书”的状态，成人不反思自己的教育方式是否符合孩子的求知天性，是否尊重了孩子的学习兴趣，却只是想通过“惩罚的暴力教育”来迫使孩子就范，遵从自己的教育意志。

这合理吗？

关于上课专心听讲的规矩

上课固然要认真听讲，但孩子若不专心听讲，这一定是孩子的错吗？成人需不需要反思自己：是不是教学方法过于枯燥乏味？教学态度过于威严呆板？

人的求知欲望与生俱来，孩童更是如此，孩子对于他们感兴趣的人和事会非常专注与投入。成人若要孩子专注于学习或某件事情，则应努力使自己的教学尊重孩子的求知特点和求知心理，激发孩子的好奇与兴趣，让学习成为一种主动、一种快乐。如此潜移默化，孩子自然爱上求知。

事实上，成人不应把“上课认真听讲”作为一种外化规则强迫孩子去做，成人应使“上课认真听讲”内化为孩子自觉主动的行为，让孩子在自主的行为中感到快乐与陶醉。成人若通过制定僵硬的规则并辅以“惩罚”与“高压”的手段强迫孩子专注认真，这只会把学习变为一种逼迫和负担，学生会厌学，老师的教学也会徒劳。

关于课堂坐姿的规矩

很多成人很反感孩子的好动，并想制服这种好动行为，因而提出严格的坐姿要求：在一堂课内保持坐姿端正，不能乱动。

这样的要求符合孩子的生理和心理特点吗？

儿童有一个特点：儿童难以长时间承受某种不变、规范性的动作，他们的身体、心理、行为常处于易变活跃的状态。若强迫孩子长时间保持一个标准坐姿，会让孩子感到身心受束缚，毕竟他们弱小的身体难以承受像士兵一样的训练。身体一旦受到束缚，心灵也无法快乐，那又如何更好地汲取知识呢？

孩子的坐姿不够标准端正，这是儿童的特点，也是儿童的正常行为，不是什么大错。我们成人要认可并尊重儿童自然健康的行为，孩子才可能愉快地学习。成人不应把教育的重点放在“坐姿端正”上，苛求孩子的坐姿，甚至以坐姿标准衡量孩子学习是否认真，成人应更多关注孩子的学习情绪是否积极、主动和愉快。

关于课间休息的规矩

菲儿说，老师看到有些孩子课间玩耍会很生气，会训斥和责罚孩子。因为他们破坏了老师定的“课间规矩”。可仔细想想，这个规矩合理吗？

有些孩子出于天性硬要争取“玩”的自由和权利，他们便会被老师与家长列入“不听话孩子”、“坏孩子”的黑名单里，会遭批评和惩罚；而听老师话、照老师规矩做的孩子，却因为遵守“规矩”而丧失他们的童真、快乐和健康。

所以，论及规矩，我们成人应多一些智慧和爱。

我们应给予孩子合乎人性的规矩，让孩子最初就能按人性的规矩生活，并明白合乎人性的规矩带给人幸福，正如成人需要合乎人性的社会制度才会有幸福一样。

孩子不应成为非人性规矩下的受害者和牺牲品。

别把孩子培养成听话机器

下午3点，菲儿回来了。

见到我，菲儿迫不及待地告诉我："妈妈，下午我们上班会课了！"

"哦，班会课！你们讨论什么主题了？"我很感兴趣。

"老师要我们做乖孩子！老师说她只喜欢乖孩子，不喜欢不乖的孩子！妈妈，我要努力做乖孩子，因为我喜欢老师，我希望老师也喜欢我！"菲儿认真地告诉我。

"乖孩子？不乖的孩子？"我疑惑，"菲儿，什么样的孩子是乖孩子？什么样的孩子是不乖的孩子？"

"我们老师说了，乖孩子就是听老师话的孩子，老师让做什么就做什么，这样的孩子才是好孩子！不乖的孩子就是不听老师话、不按老师要求做的孩子，她说这样的孩子老师非但不喜欢，还会惩罚他们。"菲儿说道。

"噢，乖与不乖、好与不好的标准原来是听话与不听话！"我心里暗想。

"菲儿，老师让你们听什么话呢？"我继续和菲儿聊。

“就是老师定的那些规矩：上课认真听讲、认真完成作业、下课不要玩闹、学习成绩要好……今天又多了几条……”菲儿一一道来。

我沉默了：

21世纪的我们仍在对孩子灌输“听话教育”，仍要求孩子唯命是从，言听计从。这貌似合理的“听话教育”真的是健康的教育吗？把孩子培养成听话机器难道是我们教育的主旨吗？

我们成人总是喋喋不休地要求孩子“听话！听话！听话才是好孩子”，并霸道地给孩子套上这个思维枷锁。可我们有没有想过，我们要求孩子听的话、要求孩子做的事一定正确吗？符合孩子的天性吗？有利于孩子的健康成长吗？

成人惯用权威和专横对待孩子。

成人总以为自己掌握的是真理，定要强加给孩子！于是，成人为孩子设计了一个美丽而残酷的陷阱，即用“听话才是好孩子”的标准诱惑孩子，引导孩子，不断给他们灌输听话的教育模式，要求孩子按照听话服从的规则生活。

孩子年幼时，父母们不厌其烦地教导孩子好好听话；孩子上学时，老师又为孩子套上一重枷锁，听老师的话，做老师的乖孩子，并且还以孩子是否听话作为好孩子的标准；经过数年的听话教育，当孩子长大成人，有多少孩子能成长为自由、独立、理性的人，多少人变成了没有思想的一架听话机器。

我不禁为年幼的孩子担忧：

做好孩子固然不错，但如果好孩子的标准仅仅是听话和顺从，这样的教育是在舍本逐末，对孩子的危害极大。听话教育虽使孩子从成人那里获得一些有益的见解和知识，但会使孩子丧失更多重要的能力。

听话教育中，孩子为取悦成人，得到成人的认可和欣赏，会盲目抑制自己的想法和行为，长此以往，孩子的好奇心和创造力被扼杀，孩子的智力发育会受到损害。

听话教育让孩子的心理不健康。孩子若过于服从和听话，最初他们会抑制自己合理的欲望和情感，但随着年龄的增长，内心真正的欲望会促使他们对成人产生叛逆心理，叛逆心理会让孩子表现出说谎行为或其他不健康心理行为。

听话教育会使孩子习惯于顺从父母和别人的意愿，从而丧失自己的主见和独立的人格，缺乏对各种事情的独立判断能力和解决问题的能力。最终，孩子不能成为自己人生的主人，不能设计自己的人生，因而对自己乃至人生丧失信心。很多人的人生不幸乃是源于这种顺从的听话性格。

独立思考能力或者说理性能力，是每个人天赋的自由和权利。

成人应保护、尊重和培养孩子的理性思维，不应用听话、服从的枷锁束缚孩子理性思维的自由和权利。成人应教会孩子运用理性接受成人的教导，而不是用听话原则让孩子服从成人的教导，使孩子丧失宝贵的理性思维能力。

人若丧失独立的思维能力,便会沦为他人的思想之奴。

孩子,做自己思想的主人!

正如黎巴嫩诗人纪伯伦所言:

> 您的孩子并不是您的孩子,他们是生命之火的儿女。
>
> 他们是借你们而来,却不是从你们而来。
>
> 他们虽和你们一同生活,却不属于你们。
>
> 你们可以给他们以爱,却不可给他们以思想。
>
> 你们可以庇护他们的身体,却不可以庇护他们的灵魂。
>
> 因为他们的灵魂居于明日之屋宇,那是你们在梦中也不能想见的。

菲儿的梦魇：担心自己是下一个挨批的人

早饭时，菲儿告诉我："妈妈，最近我老做噩梦，昨晚又做了噩梦！"

我诧异，这么小的孩子总做噩梦？会有什么可怕的东西纠缠她？

我关切地问道："菲儿，你有什么样的噩梦？"

菲儿大声对我说道：

"学校不快乐！学校有好多好多的规定！我脑子记不住那么多的规定！我梦见我没带家庭作业，没带课本，没系红领巾，没带桌布，没穿校服，然后我就要倒霉了！我梦见我被老师狠狠地骂，然后在教室后面罚站，全班同学都在看着我，嘲笑我，只有我一个人在哭……还有，我总梦见周一的班会课！班会课一点儿也不好玩，简直就是批评课！老师表扬一些人，但重点是批评一些人，每次班会课我们都提心吊胆，担心会挨批。每次老师骂人的时候，大家都会盯着被骂的同学看，有时还会发出笑声，被骂的同学难受极了！妈妈，我老梦见班会课上我被点名挨批，然后，我恨不得马上逃离教室，再也不来上学，再也不见老师和同学了！每次我从这些噩梦中醒来时，我都好庆幸，还好是梦，不是真实的！要是这些事都发生在我的身上，我该多么难受啊！我真怕去学校！"

菲儿的诉说让我明白：

学校给孩子的不是轻松和快乐，学校给孩子更多的是紧张、担心，甚至还有恐惧。虽然菲儿没有遭受这些有损自尊的惩罚行为，虽然菲儿还经常受到表扬，但菲儿深深感受到学校种种"规矩"对自己的束缚。经常目睹老师对其他孩子的训斥和责罚，菲儿同样会感到害怕、恐惧与担心，担心自己会成为下一个受罚的人。

我不由对孩子心生怜悯：孩子的成长本应快乐轻松，孩子本应在欢笑中度过每一天，孩子不应背负害怕与恐惧，孩子不应被噩梦缠绕。

孩子不快乐，他们怎会有浓烈的求知欲？

孩子不快乐，他们怎会对生活充满信心、积极和乐观？

又一个晚上，和菲儿一起阅读《海的女儿》。菲儿不理解海的女儿最后为什么要选择死亡。菲儿喜欢她，不愿意看到她的死亡，菲儿希望海的女儿幸福地活着。

带着疑惑，菲儿和我一起讨论《海的女儿》。

菲儿：妈妈，我觉得海的女儿好傻好傻，她应该杀死王子，这样她就不会死了，她就可以活了。而且，她的爸爸那么爱她，知道自己的女儿死了，肯定很伤心。

妈妈：菲儿，我是这样理解海的女儿的选择。海的女儿活着的条件是：她必须杀死王子。但杀死她爱的王子，海的女儿又会不快乐，会很痛苦，她会自责。也就是说，海的女儿虽然能活着，但会不幸福。所以她最后选择为爱的人死，她的理解是：为自己所爱的人付出才是幸福和善良。

菲儿思考我说的话，接着，菲儿又提出疑问：妈妈，你是说，海的女儿如果选择活，她会痛苦；那她死了，还能感觉到痛苦吗？

妈妈：菲儿，我相信，人死了是感觉不到痛苦的。所以，生活中很多人活得很痛苦时，他们往往会用死亡的方式来结束生命，结束痛苦。不过，妈妈认为用这种方式解除痛苦不太明智，事实上他们只是在逃避痛苦，并没有真正解除痛苦。

菲儿若有所悟，忽然，菲儿表情认真地看着我。

菲儿：妈妈，那我也可以去死了！

我很诧异：你为什么会有这种想法？

菲儿：因为我每天都要上学，上学让我感到痛苦，死了就感觉不到上学的痛苦！

我被她的话深深震动。

我明白，孩子的这种话是一种真实，孩子真实道出了她对生活的感受。

只是不知道会有多少成人认真聆听、用心关注孩子对生活的感受，会有多少成人分担分享他们的痛苦与烦恼。

孩子孤独！弱小！无助！

孩子本怀着快乐、热忱、积极的态度迎接生活，但我们的教育，我们的老师，我们的父母却让孩子一天天变得抑郁、焦虑、苦恼和消极。

我不由感叹：学校怎如此让孩子惧怕？上学怎如此令孩子充满了苦恼和惶恐？

倾听孩子，让孩子学会倾诉！

7岁的菲儿，对生活的感受力越来越强。

快乐让菲儿感觉生活美好幸福；烦恼则让她感到焦虑和无所适从。

的确，成人应是孩了的坚强依靠，应给予他们更多精神上的关心、尊重、理解和信任。

每当菲儿遇上苦恼或不开心的事，便满脸苦恼地看着我："妈妈，我不开心！"

我知道，菲儿需要我的关注和倾听，需要我的帮助和理解。于是，我便坐下认真听她诉说。结果，我发现，小小的孩子对生活充满很多很多的困惑和苦恼。

"妈妈，我不开心，我的牙齿长得不好看，班上同学笑话我'兔子牙'，我好难过，我不想去学校了……"

"妈妈，我不开心，今天我穿裙子上学，班上有女生说我'臭美'，我讨厌她们这样说我，我不喜欢她们……"

"妈妈，我不开心，明天要考试，我担心我考不到100分，我害怕老师不喜欢我，说我不是好学生，是差学生！……"

“妈妈，我不开心，今天我和同桌吵架了，我们都不再喜欢对方了，我不想和她做朋友了……”

“妈妈，我不开心，我讨厌背语文课文，老师说背不下来就罚抄课文 20 遍，可我有时真的背不下来……”

“妈妈，我不开心，今天我不小心踩了学校的草地，学校禁止学生踩踏草地，别人会不会认为我是坏孩子，学校会不会开除我啊？……”

“妈妈，我不开心，我讨厌考试，一到快考试的日子，老师就让我们反复读生字、抄生字、读课文、做数学题，上课真无聊！……”

“妈妈，我不开心，今天我们班上评选‘学习之星’、‘环保之星’、‘运动之星’，我没被评上，我也想当‘星’，难道我不是好孩子吗？……”

“妈妈，我不开心，我知道人是会死的，可我不想死，我觉得活着很好，我怎样才能永远活着呢？……”

当然，菲儿的生活也不尽全是烦恼，菲儿也有很多很多的快乐。

“妈妈，我好开心，今天语文老师没骂我们，还表扬了我们，说我们班最近表现不错……”

“妈妈，我好开心，今天英语课真好玩，老师让我们玩‘找字母’游戏，我们组赢了……”

“妈妈，我好开心，今天的体育课真幸运，老师没凶我们，给了 10 分钟时间让我们自由活动，我们在操场上追呀跑呀，玩得真开心！……”

"妈妈,今天数学课上,我发言积极,老师表扬了我……"

"妈妈,我的同学送了我一个好可爱的小礼物,我好喜欢!……"

"妈妈,我和姐姐在公园玩得好开心好开心!……"

"妈妈,活动课老师让我们做手工,我喜欢做手工,太有趣了!……"

"妈妈,快看!快看!我种的大蒜发芽了,发芽了,我好开心!……"

聆听菲儿的倾诉,我深深被她的孩子气所打动,我感受到:

孩子是多么渴望我们成人关注他们的生活,也许,孩子诉说的快乐和不快乐,对成人而言早已司空见惯,无法引起我们太多的激情和关注。但对于一个孩子,世界在他们面前是全新的,是未知的,是令人欣喜、令人费解的,甚至有时还会令孩子慌张、害怕和恐惧。

一点点快乐都会让孩子欣喜若狂,觉得生活美好;但不开心的一点点小事也会让孩子心情抑郁,丧失对生活的热情。

孩子的内心世界需要我们用心去倾听,需要我们倾听他们最真实的感受,倾听他们对世界对生活的看法;孩子需要我们分享他们的快乐,需要我们排解他们的烦恼。

如果当孩子感受到生活的美好和快乐,但却没有人知晓并与他们分享,他们该是多么孤独;而当他们遭遇生活的烦恼、忧伤、痛苦时,如果让年幼的孩子单独承受,那真是多么残酷与冷漠！

这样的孤独与残酷会让孩子的成长陷入不健康。

孩子会对这个世界充满恐惧、无知、害怕和无所适从，孩子对生活会悲观、苦闷、抑郁；烦恼、忧伤、痛苦会在他们的心底一点点生根、发芽、壮大，最终会成为孩子心底永远抹不去的痼疾，成为孩子精神上的“大肿瘤”，慢慢吞噬掉孩子的幸福与健康。

不是吗？

孩子胆小、内向、自闭、忧郁、焦躁、自卑、厌世不正是因为无人关注和倾听他们，不正是因为无人帮助他们排解烦恼，不正是因为他们的内心世界陷入自我封闭而导致的吗？

古希腊哲学家苏格拉底指出：教育应当是一种平等的对话，即师生之间平等的沟通与交流。

倾诉、聆听、对话，我们和孩子才能彼此了解、彼此信任、彼此尊重。

倾诉、聆听、对话，我们才可以及早发现和诊治孩子身上的“病”症。

倾诉、聆听、对话，孩子才能克服恐惧、自卑、苦恼、抑郁，孩子才能慢慢学会成熟、坚强、乐观和积极。

爱和关怀给予孩子倾诉的能力；忽略和冷落则会封闭孩子想要敞开的内心世界。

三　莫给暴力冠以教育美名

“妈妈，对不起！”却换来了四记耳光

今天,我目睹了这样一件事。

下午放学,我来到菲儿的小学门口,很多家长正聚集在学校附近等待着孩子放学。不久,低年级学生排着队陆陆续续走出校门。

忽然,我的目光被一个小男孩吸引,他刚从放学队伍中走出来,和别的孩子不同,他的脸上并没有挂着灿烂开心的笑容,而是略显紧张、害怕,神情有些拘谨。他朝附近的一位年轻妇女走去,估计是他的妈妈。男孩的身后跟着一位女老师,大概是他的班主任老师。

小男孩走到他妈妈跟前,站定后,仰起头,满脸诚恳地说道:“妈妈,对不起！今天,我把别人的头撞了一个大包!”

小男孩满脸的悔意以及乞求的眼神,分明是在向妈妈讨要原谅。

孩子期待成人能善待他的“过失”与“错误”。

但,接下来的一幕却让我感到心痛和愤怒:

听完小男孩的这句话之后,妈妈并不是将小男孩揽入怀中,温和地与孩子交谈，听孩子讲述整个事情的缘由，而是在众目睽睽之下，给了小男孩四记响亮的耳光，并爆发出一连串怒吼："看看你！就知道在学校惹是生非！给我丢脸，你怎么就不知道学好？学乖？你怎么就不好好听老师的话？安安静静坐着，整天就喜欢疯玩、乱跑，现在跑出事了吧！你不好好上学，就不用去学校了……！"

此时，小男孩的脸颊上印着几道通红的手印，他低着头，流着泪，一动不动站着，任由母亲暴怒地训斥和责骂。

目睹这一行为的有很多孩子的父母，当然也有小男孩的老师。

老师满脸严肃地告诉小男孩妈妈：小男孩和同学下课后在操场上追逐、奔跑、打闹，一不小心，他把一个孩子的头撞了一个大包。然后，老师继续说：他真调皮！第一，上课不认真听讲，爱动，爱开小差，特别调皮。第二，下课喜欢和同学追逐打闹，一刻都不安静。

老师要求小男孩妈妈回家好好管教，帮助孩子克服这些不好的毛病。

接着，老师回转身，语气严厉地对小男孩说："王晓彬，你真调皮！一点也不乖！看看，你下课喜欢疯跑，所以把别人的头撞了，不过你妈妈刚才已经狠狠惩罚你了，你可要记住啊！你若再调皮，老师也要打你，还让你罚站！今天你可要记住：第一，上课要认真听讲，不准离位，不准乱动。第二，下课后安安静静呆着，不准和同学追逐打闹，不要再发生今天这样的事情了。王晓彬，听到没？”

小男孩不断点头，老师和小男孩妈妈满意了，接着，两人继续聊有关小男孩在学校的表现。

几分钟后，小男孩妈妈满脸怒容地朝小男孩喝道：“走！现在跟我回家去！看我回家怎么收拾你！罚你跪地一个小时！看你长不长记性！”

小男孩低着头，哭泣着，默默地走在她身旁。他的眼睛布满了泪水，眼神中透露着惊恐和无助！

看着他们离去的身影，我内心难以平静：

我惊诧这位母亲用如此“暴力方式”教育孩子，我也更惊诧老师竟默认并许可这样的暴力教育方式，并鼓励孩子的妈妈回去之后再严厉管教。

对孩子而言，这无疑是“双重暴力”与“双重灾难”。

当然，在很多成人眼里，这种教育方式才是真正正确的方式，真正驯服人的方法！

生活中，我常看到很多父母在孩子还很年幼、几乎还没有什么理性思维的时候，不是用温和说理的态度对待孩子，而是用野蛮的打骂方式教育孩子，要求孩子听命于自己，服从自己。

很多成人视“暴力教育”为爱和责任。

对弱小的孩子施行语言暴力和肢体暴力是野蛮、不公正的行为，这样的暴力教育会将孩子变成新一代野蛮人。

相对于孩子，我们是成年人，我们是强者，我们应更有智慧和理性。我们应思考：暴力教育是怎样的一种教育？暴力教育是帮助孩子还是在伤害孩子？

暴力让孩子学会暴力野蛮，远离文明和理性。 文化是一种模仿，也是一种传承。暴力文化中长大的孩子会不自觉接受暴力、认可暴力并学会暴力，继而也会向他人行暴、施暴，由一个暴力的受害者变成一个伤害他人的施暴者。很多成人讨厌暴力的孩子，殊不知"恶"的源头在成人自己，成人随心所欲打骂孩子，体罚孩子，这给孩子榜样和启示：暴力是解决问题的捷径。

暴力让孩子学会不平等，远离尊重和平等。 暴力教育下的孩子通常会成长为两种人，第一，习惯于暴力而不怕打的孩子，会成为有暴力倾向的人，他们也会命令别人、支配别人、役使别人。第二，屈服于暴力的孩子，会养成服从和听命于他人的奴仆式性格。这两种人适应暴力环境中人与人不平等的关系，他们不懂尊重和平等，他们的眼中只有命令与服从、支配与被支配、奴役与被奴役。这两种人组成的社会不安宁，也是充满危险的。

暴力让孩子的品德受损。 人是在错误中成长和进步的。孩子若一旦犯错即遭到暴力惩罚，会让孩子为规避惩罚而养成说谎的恶习。并且，当众打骂孩子一旦成为习惯会让孩子丧失羞耻心和自尊心，孩子会变得"厚脸"和"无自尊"，甚至还会以"无所谓"态度回应成人的羞辱和暴力，自尊心与羞耻心的丧失会泯灭一个人积极、上进、为善的心态。

暴力让孩子失去人性的善。 当孩子被打骂，孩子的内心会产生屈辱感、挫败感和愤恨感，长此以往，孩子的内心会变得冷酷而麻木，孩子也将会以怨恨、暴力、冷酷、野蛮对待他人。因为，“暴力是冷血之父”。

暴力让孩子失去童真。 暴力对待孩子，孩子会失去活泼、开朗、大胆、独立的个性，孩子会变得胆小、木讷、呆板、顺从和唯唯诺诺。并且，暴力教育会极大妨碍成人与孩子的沟通交流。孩子若长期生活在暴力的氛围下，他所能做的就是沉默和封闭自己，孩子的精神会陷入孤独和郁闷。

暴力教育还体现一种强权意识。 很多时候，孩子的行为并不是真正犯错，只不过是不符合成人的标准而被视为错误。成人因为智慧有限，常常为孩子制定很多不合人性的规范准则，并要求孩子遵守和服从，一旦孩子没有遵守这些规则，没按成人的意志行事，孩子便要遭遇暴力对待。这样的教育，没有教会孩子明辨是非的能力，却让孩子学会“暴力”与“强权”。

成人若用爱与尊重的方式为孩子纠正失误，孩子哪能不快乐地接受呢？

论及孩子的过失，成人的暴力与野蛮比孩子的过失更可怕、更危险。

希望野蛮的暴力教育从我们的家庭、学校、生活中消失，从成人的大脑中消失，从人类的行为中消失。

他总是被老师打和骂，为什么还笑嘻嘻？

中午,菲儿说有个问题要问我。

“我就是搞不懂我们班的那个胡海成,他总是被老师打和骂,为什么还笑嘻嘻？他一点都不难过？今天,他又被老师骂了！被罚站了！罚站时,他还笑嘻嘻地看着我们!”菲儿很纳闷。

“嗯,我认识你们班的胡海成,一个挺可爱的小男孩啊！你们老师为什么老打他、骂他呢？打小孩、骂小孩可不是一种好的教育方法!”我也很纳闷。

“老师说,像胡海成那样的小孩就该打和骂！不打不骂成不了器！他上课不认真听讲,下课喜欢乱跑乱动,作业做得乱七八糟,考试总是考得很差,拖班上的后腿……老师很生气他,骂他,拿书打他的头,让他到角落里罚站！可是胡海成不哭,不难过,却还笑嘻嘻！要是我受到这样的对待,我早就哭了,羞得钻地洞了……老师说他的脸皮比城墙还厚,说他天生是一个没自尊、没羞耻心的孩子,天生就不想学好!”菲儿告诉我。

“妈妈,是不是有些孩子真的天生没有自尊心、没有羞耻心?”菲儿很疑惑。

“不！菲儿，这是大人的偏见。每个孩子生来都有自尊、有羞耻心的，就像你一样，都喜欢得到别人的尊重和肯定。可像胡海成那样的孩子，经常被老师打、骂、羞辱却还笑嘻嘻，一副无所谓的样子，那是因为他的自尊心、羞耻之心被别人偷走了！”我说。

“谁？谁会偷走小孩的羞耻心？”菲儿很着急。

“他身边的成人，他身边的教育者！”我告诉菲儿。

虽然孩子天生都有自尊、有羞耻心，但自尊、羞耻心却需要成人细心保护和慢慢培养。假若成人不用善和文明的方式对待孩子，而是用粗暴野蛮的打骂方式对待孩子，久而久之，孩子的自尊心、羞耻心会一点一点丧失，孩子会变得顽劣。暴力会让孩子习惯并麻木于没有自尊的生活，也让孩子失去保护自尊的能力。孩子的成长让成人懂得，文明理性是真正健康的教育方式。

尊重、理解，与孩子平等相处，孩子的性格将日渐大胆、活泼、有主见、敢于倾诉、敢于和成人讨论，同时很自尊、自爱、积极上进，懂得尊重与体谅他人。这些良好的性格不是天然，而是文明理性的教养促成。

孩子向善的空间和可能性是很大的，文明理性的教育让孩子接近善与幸福；粗暴的教育让孩子趋向野蛮与暴力。

然而，现时代，很多孩子却很不幸，他们依然生活在粗暴与野蛮中。

父母野蛮暴力，老师也是野蛮暴力。

很多成人面对不合他们意、不合他们标准的孩子，面对不足、有缺点的孩子，爱用野蛮打骂的方式教育孩子，孩子在打骂环境中，慢慢便习惯和麻木于成人的粗暴野蛮，当然，自尊心和羞耻心也就离他们越来越远，他们变得无所谓，不知羞。当一个孩子以无所谓、笑嘻嘻的态度回应成人的打骂和种种训斥，这便是一种双重悲哀：成人获得的是尴尬与无奈，孩子丢失了可贵的自尊心与羞耻心。

自尊是一个人愿意向上、积极生活的巨大动力。

人不是天然没有自尊心与羞耻心，是我们成人偷走和败坏了孩子的自尊心与羞耻心，不良的教育偷走和败坏了孩子的自尊与羞耻心。

孩子是无辜的，孩子是不幸的。

我们成人不能轻视、嘲笑、看不起这些孩子，相反，要尊重和理解他们，因为只有尊重和理解才能让他们找回自尊和羞耻心。

每一个孩子，他们的自尊心、羞耻心与生俱来，毫无差别，他们都是一块可雕琢的璞玉，他们都愿意积极向上，都愿意求真为善，都可以成长为智慧理性的文明之人。

为人父母者，为人师者，请别随意践踏孩子的自尊，请别偷走孩子的羞耻之心，请小心呵护好孩子的自尊与羞耻之心。

谁，教会了孩子暴力与野蛮？

菲儿放学回来，对我诉说了这样一件事：

课间的时候，我们正玩得开心，忽然，大家听到一阵哭声。

赵志鹏和王一伟在玩游戏时起争执，都不承认自己输了，结果两人吵起来了，最后赵志鹏争不过，用拳头打了王一伟，王一伟被打哭了！我们看到王一伟在"哇哇"大哭，赵志鹏站在一旁，脸涨得通红，他也不知道他该怎么办。

很快，同学把班主任张老师找来了。

张老师紧绷着脸，快速走进教室。问明了情况之后，张老师把赵志鹏拉到她跟前，开始在全班小孩面前训斥这个"肇事者"："赵志鹏，你回答我，老师在班上有没有讲过小孩不许打人的规则？"

赵志鹏被老师严厉的吼声吓住了，他的一张小脸显得茫然、害怕和不知所措，他小声地回答："讲过。"

"那你为什么还要打人？为什么要把别人打哭？"老师的声音很严厉。

赵志鹏沉默了，他答不上来。

“小小年纪就打人，就学坏，谁教你的？你难道不知道打人是件很羞耻的事吗？你难道不知道老师最讨厌打人的小孩吗？你难道不知道打人的小孩将来都要成野蛮人吗？”老师的声音越来越高，越来越严厉。

赵志鹏低着头，依然不语。

“抬起头来，看着我！”老师大声说道。

赵志鹏抬起脸，害怕地看着老师，赵志鹏希望得到老师的原谅。

当赵志鹏抬起脸可怜巴巴地看着老师时，老师抬起右手，快速地在赵志鹏的脸上“啪，啪”左右抽了两个耳光，由于打得比较用力，赵志鹏的脸上出现了两个红手印，他因为痛，开始抽泣。

老师的怒气依然不减，她朝赵志鹏骂道：“你喜欢打人，喜欢用暴力解决问题，是吗？现在我让你尝尝被人打的滋味，痛不痛？好不好受？看你以后还敢不敢再打人，看你以后还长不长记性，把老师的话当耳边风的孩子是没有好果子吃的！现在，你给我站到角落里，罚站两节课！”

赵志鹏低着头，抽泣着，走向教室的角落——罚站区。

接着，老师严肃地向我们宣布：“大家都看到了，我已经好好教育了赵志鹏，以后哪位同学再打人、再动粗的话，我就不是给他两个耳光了，而是给他十个耳光，希望大家好好地记住，不要再犯！”

不久，班上又开始恢复孩子们的喧闹声，只有赵志鹏一个人孤零零站在罚站区的角落里，他的表情沮丧、忧伤。

老师当众打赵志鹏耳光震动了我：

孩子打人被认为很野蛮很粗鲁，被认为是在学坏，必须要禁止。可大人打孩子呢？大人却认为自己很正当，是在履行教育的职责，是在对孩子负责。大人的思维是："不打，怎么能让孩子改正缺点！""打，才能让孩子长记性！""打，才能让孩子成才，有出息！"

固然，孩子打人是暴力行为，是不健康的行为，应当帮助孩子改正。但成人自己却用"打人"的暴力方式来教育打人的小孩，或者说帮助孩子纠正这种野蛮的错误行为，试问：这样"以暴制暴的教育"称得上"教育"吗？这样的"暴力教育"能帮助孩子真正告别暴力吗？

有一天，当孩子长大成人，体力足以和成人对抗时，孩子也开始用暴力对抗他人、对抗家人、对抗社会，用暴力演绎许多人间悲剧和人间惨案时，你们有没有想过，孩子暴力的源头在哪里？孩子邪恶的源头在哪里？

或者说，是谁教会了孩子暴力？

暴力本不是孩子的天性，本不是孩子的本质。

当一个婴儿降临于世，睁着一双天真无邪的眼睛注视着世界，他不知暴力为何物，也不会使用暴力。

但随着一天天长大，孩子逐渐被暴力包围！

当他的父母、他的老师、他身边的成人口吐脏言的时候，孩子便很快领悟并学会使用"暴力污秽的语言"对待他人；当成人习惯性地对孩子喊出"你再不听话，我打你！"的恐吓语言，并真的对孩子施以暴力进行教育时,慢慢地,孩子不久也就学会用自己的拳头对他人实施野蛮的暴力行为,甚至用棍棒、刀具伤害父母和老师。然而,成人却还疑惑:孩子为何如此恶?

成人,为何我们不反省自己?

孩子"恶",是因为孩子有"恶"的榜样。

孩子是在模仿中长大的。

孩子不断注视着成人,观察着成人,模仿着成人,渐渐地,孩子便有了和成人相似的语言习惯、相似的行为方式、相似的观念意识,孩子暴力,是因为孩子身边的成人暴力,孩子身边的世界暴力。

可是,很多成人竟不明白这一点,他们认定孩子天性暴力,天性顽劣。当孩子犯下暴力的错误时,成人却想用暴力的方法纠正孩子的暴力,想想,这多么幼稚和愚蠢。

这种"以暴制暴"的做法不但无效,还会在孩子头脑里深深刻下另一种"恶"的观念:成人和孩子是不平等的。也就是说,成人使用暴力合理合法,小孩使用暴力则是不正确的行为,则要受罚。暴力是成人的特权。当孩子长大成人,他们也就可以心安理得对下一代使用这种所谓"合理"的暴力教育。

千百年来,儿童教育便是在"与成人不平等的境遇中"进行的,这种教育几乎让每一个人在童年时代就丧失了人的独立、自主与文明,从而慢慢形成在强势面前奴性的性格特点。

孩子长大成人,会是什么样的情形呢?

他们从"弱势儿童"变成"强势成人",在下一代孩子面前,他们又开始扮演“强者”的角色，维护“强者”的威风，处处要孩子服从和听命于成人。不过，这样的“强者角色”只是一种暂时的“强者角色”，当他们身处成人社会，当他们遇上侵犯他们正当权益的更强的强者时，他们便又胆小、懦弱，变成一个奴性十足、受人欺负、任人奴役的弱者。

于是人人都有着双重身份，戴着双重面具，既是欺侮者，又是被欺侮者。

这样的社会，所有人都是痛苦的。

这便是“暴力教育”的结果。

人的幸福、文明、和谐应根植于人与人的相互尊重、相互平等之中。如果孩子在童年的时候能感受到成人对他们的温情、尊重和平等，成年以后，他们也会以这样的方式对待他人。

暴力教育，要持续多久？

30年前充斥着暴力的小学生活

我回忆起我的小学生活：

1980年，我就读于中国南部城市的一所小学。

记忆中，童年充满了灰暗、忧郁、害怕和不快乐。成长的过程中，我亲眼见证和经历太多的“暴力”事件。

小学三年级，我的数学老师是一位女老师，她对工作很认真负责，却总是用暴力强迫我们听课，上课走神的同学，会被她用脚踢、扇耳光、打头、罚站、罚抄作业、罚抄课文。

我的同桌张德木是个男生，数学成绩不好，脑子转得不快，跟不上老师的节奏，所以他老是挨老师的打。他每次挨打，我都会心惊肉跳，总以为老师冲过来要打我，我被吓得神情恍惚。老师用数学书打他的头，用力揪他的耳朵，一直把他揪到讲台前罚站，同桌痛得龇牙咧嘴，可老师却丝毫不同情他，骂他：“你这头笨猪，你怎么这么笨，你真不争气！”我总是偷偷瞅同桌的耳朵，他的耳朵每次都被拧得好红好红，有血丝印。可是，他不敢吭声，也不敢反抗，站在讲台前，头低低的，表情木然、呆呆地看着地面。

我的同桌就这样常常被拧耳朵、被打头、被罚站、罚抄课文，但是他的数学成绩还是没有变好，还是没有达到老师的“标准”。只是，我发现随着被打的次数增多，他变得越来越麻木，越来越漠然。初二，他退学了。大人说，这样的“笨”孩子成不了才，上不上学都一个样。成年后的他沉溺于麻将、赌博，教育自己孩子的方式也很“暴力”，就像当年他的父母、他的老师对待他一样。

我在想：成长的过程中，如果他的肉体、他的尊严不曾如此被成人暴力野蛮地鞭打和伤害，那么，现在的他还会是这样吗？如今，他的孩子又生活在野蛮的暴力之下，十几年之后，孩子又会成为一个什么样的人？

初一时，班上有一个女生活泼开朗，爱和男孩子玩，但成绩却不好，总是考得很差。老师讨厌她，说她没心思读书，轻浮，示意父母严加管教。于是，女生的父母常用皮带抽打她。女孩常常带着伤痕来上课，而且还要接受老师不友好的眼光和冷嘲热讽。初三，她受不了家庭和学校的双重暴力，离家出走了，和社会上的“混混”搅和在一起。女孩觉得，没有成人的世界更安全、更快乐。老师知道后，在班上教育我们：“她走了好，像这样的人滚得越远越好！这样的人根本就不是读书的料！天生下贱，自甘堕落，别让她把你们都带坏了！‘一粒老鼠屎坏了一锅粥'！"长大后，我听说她过着"混混"生活，也学会了暴力、冷漠、野蛮，轻视自己，后因吸毒过量失去了还很年轻的生命。

童年时代，还有很多的家庭暴力令我记忆深刻。

姐姐上小学时，有一次期末考试没考好，害怕被责备，便偷偷把成绩单上的数学成绩 68 分改成 88 分，被母亲发现，姐姐遭到一顿毒打。母亲用柳条狠狠地抽她，暴力的场景让我害怕，我在一边偷偷哭泣，姐姐的全身满是柳条抽打后留下的红血印，这些红血印好些天才褪去。我知道，母亲爱我们，她想通过暴力的方式为孩子纠错。她希望我们诚实，做一个有美德的人，可她的暴力教育令我们害怕与恐惧。于是，学习上的难题、疑问，生活中的害怕、苦闷全被堵在心中，不敢向成人倾诉。

有一个女孩对我讲述她成长过程中所遭遇的家庭暴力。

她是独生女，父母很爱她，但父母不是用文明理性的方式爱她，而是用暴力的方式爱她，这使她感到困惑和伤心。

在她家客厅的角落里，爸爸特意放了一根细长的小木条，专门用来"教育"她。女孩说，小时候，她特恨这根小木条，恨爸爸用小木条打她，皮肤痛是其次，最痛的是自尊、心灵和心情。于是，她背着父母把小木条丢到垃圾堆里去，心想：没有这根小木条，爸爸就可以温柔地对我。结果，女孩说，她的想法太简单、太幼稚了，扔掉一根小木条，根本扔不掉大人脑子里的"暴力"思维。父母仍执着地在角落里放回小木条，仍坚持他们的"暴力"教育。所以她不再有兴趣扔木条,她放弃了抗争,她只能接受挨打的教育方式。

直到有一天,情况发生改变。

12岁那年的一天晚上,妈妈在她的抽屉里发现一个精美的心形礼盒,妈妈想知道是送给谁的。女孩说这是个秘密。妈妈的好奇心被勾起来了,这其中也包含对女儿的关心和爱护。妈妈沉下脸,说一定要知道这礼物送给谁。可女孩却不肯说。妈妈被女孩的不听话和不服从给激怒了,她要用暴力逼女儿说出实情,用暴力来维护成人的权威和命令。

妈妈拿起角落里的小木条,命女孩跪在地上,狠狠地用木条在她身上抽打,一边抽,一边问女孩礼物送给谁。女孩忍着痛,还是一字不说,妈妈抽得更起劲了,她想把"答案"抽出来。但最后妈妈输了,还是没有逼出答案。妈妈被女孩的倔强弄得筋疲力尽,她放弃抽打,只是在一旁叹气。

看见妈妈陷入无奈、沮丧,想起妈妈平时对她的关爱和照顾,女孩心底的温情和善心促使她招供了,她对妈妈说出了秘密:妈妈,后天是母亲节,那个礼盒是送给你的礼物,我不说是因为想给你一个惊喜。

妈妈听到这些话后,人怔住了,看着女儿身上、手臂上被抽出的血红印,妈妈抱住她,哭了。

听到这里,我的鼻尖猛然泛酸。

我感动了:孩子的内心原是如此纯真、善良和简单。

成人却为何看不到孩子的纯真、善良和简单？成人对待孩子为何要如此专横、粗暴和野蛮？仅仅因为：孩子是弱者？成人是强者？

女孩告诉我，这件事之后，妈妈似乎受到了很大的震动，从此再也没打过她，爸爸也很少打她，离家读大学之前，她和父母相处得很愉快。

“母亲节礼物”让妈妈对自己的暴力行为感到了羞愧、后悔和难过。妈妈醒悟了，妈妈不再粗暴地对待女儿。有这样愿意反省的父母，女孩是幸运的。

可是，多少孩子能有这种幸运？

有多少成人、多少父母、多少老师会反思自己粗暴的教育行为？会反思自己对孩子的不公正行为？会对孩子有羞愧、难过和醒悟之心？

很多成人认为，“打骂教育”、“暴力教育”是一种严格负责任的教育，是好的教育，是能让孩子成才的教育。我承认，教育应当严格和负责任，但严格和负责任却不是体现在对孩子肉体的鞭笞、自尊的伤害和意志的强迫上，这样的“严格”与“负责任”与我们的教育初衷相违背，会令孩子陷入黑暗与痛苦。

30年后暴力仍然在上演

30年过去了。

2010年，我的孩子菲儿也成了一名小学生。

和30年前相比，教育似乎没有很大的改变，依然充满着强迫、暴力、专制和野蛮。上学对孩子而言,依然充满了桎梏、烦闷、痛苦与忧伤。种种野蛮、暴力、非人性的教育在新一代孩子身上继续重复出演。

菲儿告诉我:

当我们刚踏入小学,我们用欢喜、快乐、信赖的眼神看着老师,老师却严肃地向我们宣布,“我上课,不管讲得好,还是讲得不好,你们都必须认真听讲,这是规矩!谁不认真听讲,谁就有‘好果子’吃!”

于是,几乎天天都有孩子吃老师给的“好果子”:罚站,蹲马步,面壁思过,揪耳朵,打脸,被骂,讽刺,羞辱,罚抄课文,罚写作业,罚抄试卷……

一个冬天的早上,胡浩上课迟到,老师很生气,没问他什么原因,就当着全班同学的面打了他一个耳光,胡浩的小脸被打得通红。老师说:“谁让他老是迟到,这是第三次了,不给点颜色,不长记性!谁迟到,谁就等着挨耳光!看你们还把我的话、我的规矩当耳边风!”

上课的时候,于志良和同桌讲话被老师发现了,老师把于志良拽到讲台上,命令他自己打自己的嘴巴,理由是上课喜欢讲话,管不住自己的嘴巴。于志良哭丧着脸,面对全班同学,举起手打自己的嘴巴。可老师说,他打得太轻了,消极怠工,然后,老师重重打了于志良一个嘴巴,于志良被打得往后趔趄了两步。但老师并未觉得自己的打人行为有什么不妥,她朝于志良吼道:“现在,你给我滚到教室后面去,面壁思过!”于是,于志良低着头，胆怯、顺从地走向教室的角落，在罚站中度过了一上午……

老师总是布置很多家庭作业。经常会有孩子完不成作业或作业做得不好，然后就会被罚到教室外蹲马步，蹲完马步还要接受罚抄作业的惩罚；英文课上，单词听写错误的同学要被打手，然后被罚抄单词很多遍……

体育课学做广播体操，很多同学的动作不合老师的要求，老师很气恼，急急地冲进队列，踹、踢、打动作不标准的同学，把动作不标准的同学从队列中拉出来“示众”、“出丑”。有一次，我因为腿踢得太高，被老师拉出来“示众”，那一刻，我的自尊受到深深的伤害，我心中充满了恨意：我讨厌体育课！我讨厌老师！我讨厌上学！

单元测验后，考分低的同学会被老师请到讲台前，接受“讽刺”、“打骂”的惩罚。老师让80分以下的同学上讲台，讽刺他们说：“你们这些考七八十分的同学，你们真能干、真有出息啊，真会考试，考得真高！”接着老师板起脸来，骂他们：“其实，你们这些考80分以下的人是一群蠢驴，蠢蛋，是垃圾中的‘战斗机’！什么叫垃圾中的‘战斗机’？就是最垃圾、最差的人！”老师用一把长尺打他们的手，他们的小手被打得通红。有些孩子因为疼，哭了。可老师却说他们该打，谁让他们学习不用心，考得那么差，打让他们长记性，努力上进，打完之后让他们回座位罚站……

我们学习课文《白公鹅》，当老师讲到这一段课文：“鹅走起路来慢条斯理，仔细掂量着每一步。……就是狗在身后追赶，这只鹅也决不举步奔跑。它总是高傲地、一动不动地挺着长长的脖子,好像头上顶着一罐水。”我们班同学被鹅的可爱姿态逗笑了,有几个孩子更是忍不住,想学学鹅这副走路的姿态。吴家伟把书平放在自己的头上,站起身离开座位,小心走了两步,努力保持“鹅”走路的姿态;陈云奇把铅笔盒顶在自己的头上,也在学“鹅”走路。他们俩认真、滑稽的走路神态引得同学们快乐地发笑,课堂氛围刹时变得轻松愉快起来。

老师发现了,却没有笑,而是很生气,板着脸朝陈云奇走过去,抓起陈云奇的铅笔盒扔向窗外,铅笔盒从四楼飞到了一楼。然后老师又抓起吴家伟的书,用力打吴家伟的头,老师命令他们俩到角落里罚站。老师骂他们不专心听讲,扰乱上课秩序,是不学好的孩子。于是,吴家伟、陈云奇的脸上不再有刚才学“鹅”走路的天真快乐和活泼兴奋,而是满脸无辜、神情沮丧。

老师就这样粗暴地将“童趣”和“天真”扼杀。

还有一次,老师给我们解释“狗吠”的意思,然后,张景浩学狗叫了一声,声音很大很像,班上很多同学被逗笑了。老师也听见了,老师看着张景浩说:“你学得真像,你的模仿能力真强!”我们以为老师在表扬张景浩,谁知,老师的脸变得很严肃,朝张景浩大声吼道:“张景浩,你是狗投胎的吧!你要学狗叫,回家去学,教室是上课的地方,学知识的地方,上课不好好上,专门有心思捣乱,你给我到教室前面罚站去,让大家都看看你,羞不羞!”

老师的古板、严厉把我们全班同学都给怔住了。

菲儿问我：妈妈，为什么大人爱对孩子使用“野蛮”与“暴力”？

我想了想，这也许是因为爱，是成人对孩子爱的“表达”和“负责”。

但是，这样的“暴力爱”会让孩子感到紧张、郁闷和恐惧，孩子的活泼、大胆、积极、自信、快乐、童真会在这样的“暴力爱”中消失殆尽，孩子会慢慢陷入胆怯、死板、沉闷、消极、悲观、奴性和抑郁。

孩子需要轻松愉快的爱，需要文明、健康、有尊严的爱。

可在孩子面前，成人总以“强者”自居，而“强者”往往难以洞察自身对他人的野蛮、专制与暴力。

菲儿诉说的暴力让我不禁忧虑：暴力教育，要持续多久？

10年？20年？50年？100年？200年？还是永远存在？

还是，人摆脱不了这种野蛮与无知？

我们如何走出暴力教育的思维？如何告别暴力教育的传统？如何给孩子文明、健康和幸福？

当青春期遭遇暴力！

我要记录这样的一个女孩。

2013年4月，期中考试结束不久，又一个花季一样的孩子悲惨离开了人世，野蛮、专制、暴力的教育将她逼入绝境。

女孩是一名13岁的初一学生。父母很爱她，对她很严格，但这种严格却体现在对学习和分数的关注上。女孩父母的教育思维和当前很多中国父母的思维一样，认为孩子有了好成绩、好分数，就能上好大学，上了好大学，孩子就有了幸福。所以，女孩的父母要求她从小努力学习，做一名“尖子生”和“学习标兵”。女孩在父母的关爱、教导和灌输下听话顺从，从小学一年级起，女孩放学后唯一要做的事就是学习、做作业，女孩很少与他人玩耍、嬉戏，正常的儿童娱乐似乎与她无关，就是周六、周日女孩也要被父母送入“培训班”学习，以提高考试分数。

父母严厉的爱让女孩的生活单调、沉闷、乏味，甚至有些畸形，女孩的性格日渐内向、文静、柔顺，没有儿童的活泼、开朗、大胆和快乐。当然，女孩的父母也收获了他们想要的东西：女孩的好分数。从小学一年级到六年级，女孩的功课几乎都在全班位居第一，在父母、老师的眼里，女孩是一个优秀的“乖”小孩。带着“尖子生”和“优秀生”的光环，女孩升进中学，学习成绩依然名列第一。

但在初一下学期，发生了一件事。青春期的萌动让女孩经历了每个人都会经历的情感体验。女孩喜欢上隔壁班的一个男孩，女孩做了一张贺卡，写了寄语，在贺卡上画了一颗爱心，然后套上信封，去邮局把这张贺卡寄给男孩子。可这张贺卡并没有顺利送给男孩子，而是被男孩的班主任截留，老师拆开信之后，认定这张贺卡是封“情书”，把它交给了女孩的班主任老师。

班会课上，女孩的班主任老师在班上宣读了这封“情书”。老师认为她要对学生负责，老师不能容忍她的优秀学生谈情说爱，耽误学习，影响前途。于是女孩的班主任采取“公开宣读情书”的方式警告和劝诫全班同学端正心思，杜绝“早恋”这种乌七八糟的想法，把学习搞好才是正经事。

于是，班上每个人都知道了女孩的秘密，都知道女孩做了“丑事”。“情书”的事让女孩大受打击，她很郁闷，回到家也不敢告诉父母，她害怕受到父母的责备，因为父母关注的也是学习和分数。

接下来的两个月，女孩的学习情绪受到影响。她学习无法专注，因为老师的公开责备和羞辱让她在班上抬不起头来，她更内向了，上课总是走神。

女孩整日被担心、害怕、忐忑、忧虑的情绪所困扰，期中考试结束，女孩的成绩直线下降，从班上的排名第一倒退到第二十名,老师更不理解她了,严厉地责备她:"你为什么考得这么差?你是不是还在想着那男孩?你这么小怎么能想那种事?你要专心学习,不要'早恋'!"老师告诉女孩,成绩再这样糟糕,就要找女孩的父母谈话。

回到家里,女孩的妈妈看了成绩单,全部都是80多分,在班上排名第20位,不像以前,女孩的分数全部都在95分以上,位居第一。生平第一次,妈妈因为这些分数对女孩表现出生气、讨厌、焦躁和不理解。

女孩的心情更是糟糕,在学校里,"早恋"、"分数"、"排名"压得她透不过气来,她郁闷却无人诉说;现在回到家里,妈妈的责备、严厉、生气、失望让女孩有些崩溃。女孩伤心:为什么分数能让一个人从"天堂"跌入"地狱"?为什么生活只有分数、考试和排名?

刹时,女孩觉得这世界是冰冷冷的,女孩的内心不由充满了恨意和反叛。

当天晚上,吃过晚饭,女孩并没有像往常一样用功学习,女孩打开电脑上网。

女孩的举动遭到妈妈的训斥:"你考得这么差,还有资格上网!你的上进心哪去了?你不觉得丢脸吗?"妈妈命令女孩立刻关电脑,开始学习。女孩不从,妈妈冲过来强行关了电脑。妈妈的粗鲁行为伤害了女孩的自尊,作为抗议,女孩第二次又把电脑打开,妈妈生气地拔掉网线,女孩也倔了,第三次开机,这次,为了制服女儿,妈妈把电脑搬起来,当着女儿的面砸在地上,向女儿吼道："要玩电脑，有本事就考第一！"

妈妈砸电脑的野蛮行为让女孩伤心绝望，女孩哭着飞奔出去，当晚，妈妈在一家网吧里找到了她，把她捉回来，又是一顿痛骂和训斥。

第二天，当父母上班去了，女孩留下一封遗书便跳楼自杀了。

当孩子步入青春期，青春期的生理、心理、情感萌动理应成为教育关注的一个重要内容。孩子需要成人理解和尊重他们的情感萌动，需要成人聆听他们的情感困惑，需要成人指引和帮助他们解决青春期遭遇的情感问题，需要获得健康正确的情感知识和情感需求。

然而，在当代中国，很多成人的做法令人遗憾：

当众宣读孩子的私人信件，认定是"不健康情书"，伤害和羞辱孩子纯真的情感，这样的教育，孩子该如何承受？当柔顺的女孩稍稍对父母表示不从，想做一些自己想做的事，却遭到妈妈粗暴的压制，仅仅就是因为，"你没有考到好分数，你没有达到大人的要求，你就没有资格、没有权利做你自己想做的事"！

满以为很多成人会从女孩的遭遇反思我们的教育是否恰当，可我却听见很多成人发出这样的感慨："唉！现在的小孩太自我、太自负、太有脾气了，打几下、骂几句就跳楼自杀，实在是太难管了！""现在的小孩成熟早，心思多，年纪小小就谈起恋爱，还不听大人劝，做大人的也真难！……""大人养小孩不容易,很辛苦,打骂小孩还不是为小孩好,小孩这么不听话,不懂父母的心,真是太不懂事了!”

这样的“反思”和“总结”令我忧虑:我们成人竟还没意识到女孩的死是我们成人的错,我们竟把这惨剧的责任推向一个未成年的孩子。

成人真是愚钝、无知、无可救药,坠入野蛮、专制、暴力的思维而无法自拔。

教育,何时走出野蛮、专制与暴力?

四 向有害的作业说“不”

折磨孩子的家庭作业

菲儿上小学将近一个多月了。

但我发现，菲儿背的书包越来越重了，这似乎超出一个 7 岁孩子身体所能承受的负荷。打开她的书包，发现日益增多的竟是菲儿的家庭练习册，多达 7 本。《语文同步领航练习》《语文练习册》《好字行天下》《语文阅读训练天天练》《数学同步领航练习》《数学练习册》《数学口算天天练》，仔细翻看里面的内容，都是和课本知识相配套的同步练习册。

于是，年幼的孩子每天放学回来要花一两个小时，有时需要更长时间完成这些枯燥的书面作业；到了初中，每天的作业时间更是要四五个小时以上，甚至有时作业多到孩子必须往习题上“填抄答案”才能完成；到了高中，孩子从早到晚几乎整天被课本、作业所包围，无暇顾及生活的其他。

而，这样的作业生活却要持续整整 12 年！

这样的课本教育，这样的作业生活，孩子会如何成长呢？

我眼前浮现出孩子的可怜身影，戴着一副高度近视眼镜，趴在桌上，不停地抄啊，写啊，写到半夜还无法完成；孩子背着沉重的书包，小小的身子努力向前倾，慢慢走着；教室里，孩子们没有生机，表情呆板呆滞，痛苦地接受老师强塞强灌的知识，无奈麻木地做着老师吩咐的一切……

孩子早已丧失应有的健康、活力、快乐、主见、聪明、活泼。

孩子的童年、孩子的求学、孩子的生活，难道是为了背负这些枯燥、乏味、无用且令人痛苦的重复作业？

一位 11 岁女孩曾这样忧伤地诉说上学的苦闷：

“上小学之后，我才发现我们没有了童年的快乐，上了 5 年的学，我们小孩的生活基本被课本和作业包围，我每天都在拼命地赶作业、写作业，好不容易赶完作业，睡在床上却又害怕担心，我害怕自己的考试分数达不到老师的标准，被老师罚做更多的作业和试卷，甚至有时我会被‘罚抄作业’的噩梦惊醒！老师会惩罚 85 分以下的孩子课间不准出去玩，呆在教室里写作业、抄课文，这样的作业强度和分数要求，我们很多同学的眼睛近视了，颈椎时常感到酸痛，身体也不强壮，而且我们的情绪时时感到烦闷、紧张、害怕和担心。现在为了升初中，进入所谓的‘好学校’、‘重点班’，我又被父母送入枯燥乏味的‘奥数培训班’和‘英文提高班’，我又增加了好多作业和学习任务。这样的上学真没意思，这样的生活真累！”

如果我们爱孩子，如果我们关注人的幸福，我们难道不应思考：

当前,中小学这种繁多重复的家庭作业究竟是在培育孩子还是在残害孩子？究竟是开启人的求知欲望还是在扼杀人的求知欲望？究竟是将孩子引向健康快乐还是消极颓废？

家庭作业是另一种良好的求知渠道,本可以用来拓宽孩子的求知范围,激发孩子的求知欲望,培养孩子的探索精神。但是,家庭作业如果仅限于考试内容的反复操练,仅把它作为获取考试高分的手段,那么,这样的家庭作业就不是一种良性的家庭作业,而是一种“恶”的学习任务,它将损害孩子的身心健康和扼杀孩子的求知欲。

细细审视目前中国中小学生的家庭作业,便可发现这种作业无非是对课本内容的再巩固和重复练习。

这些作业被命名为“巩固作业”和“温习作业”,看上去似乎很合理、很有用,其实包含着大量“毒素”,毒害并摧残孩子的身心健康。

首先,孩子的身体受到摧残。

过重的书包影响孩子未发育好的身体,孩子长时间趴在桌上写字,胸腔发育受到影响,明亮的眼睛变得近视,可以说,当代孩子近视、身体素质下降的罪魁祸首乃是我们成人强塞给孩子的这种超负荷且有害的家庭作业。

人没有健康的身体,又谈何幸福呢?

其次,来看看孩子的精神。

这些家庭作业令孩子的肉体受损害,若能换得孩子浓烈的求知欲倒也值,但遗憾的是,这种重复的家庭作业,最大的毒害不是对孩子身体的危害,而是对人求知欲望、学习兴趣的堵塞和扼杀。

孩子不喜欢单一重复。孩子若整日被限定为读课本,他们无时间和精力接触其他的知识和新鲜事物,久而久之,知识面狭窄、思维被束缚,容易导致孩子厌倦读书,甚至终身远离阅读与求知。最后,孩子难以发现自己的特长和兴趣,也难以成才。

这样的作业生活不会给孩子带来学习的快乐和兴趣,不会给予孩子智慧和思考,相反,会让孩子陷入厌学、消极、怠惰、被动和苦闷。

然而,孩子无力反抗这些作业,孩子是弱者。

当很多孩子还很年幼,成人就这样熏陶和教育孩子:

“孩子,你要认真完成作业,这才是好孩子,好学生!不爱写作业的孩子是坏孩子,没出息的孩子!”

“孩子,你要爱做作业,多写作业可以学习好,考高分,做优秀生,将来你也会有好的生活,好的工作,能赚大钱!”

“认真完成作业的孩子才有资格做他想做的事,才有资格玩!”

“你不爱写作业,将来要成大笨蛋,你会没有饭吃,没有钱,你会饿死!”

“你不完成作业,你就不要吃饭睡觉,不要上学,不要做我的小孩!你滚出去吧!”

成人用引诱、哄骗、恐吓、威逼甚至暴力打骂等手段给孩子灌输一种害怕和不安全感,于是,弱小无助的孩子只能带着苦闷的心情屈从这些不健康的作业，但孩子的内心却无法真正屈从，孩子会从心底厌烦这些作业，厌烦书本，厌烦学校，最后厌烦求知。当他们长大到足以摆脱大人的威逼和束缚时，丧失求知欲和读书兴趣的他们也就会立刻抛弃书本，抛弃求知，从而浑浑噩噩过完一生。公正地说，孩子成年后的消极、怠惰、沉沦和浑噩不是人的本性所为，而是不智慧的教育所为。

面对这些繁多、枯燥、乏味、有害的作业，孩子已对上学产生了厌烦、焦躁和畏惧等不良情绪。

科学大师钱学森临终前念念不忘：为什么我们国家总培养不出杰出人才？

我可以肯定地说：正是这单一僵化、枯燥乏味的课本教育和作业生活将孩子的求知欲望、读书兴趣和聪明才智扼杀掉了。

面对这不合理、不健康、弄坏人的家庭作业，**我决定帮助菲儿向学校申请免做，向有害的作业说“不”，**她有权不受这些作业的残害，但是，其他的孩子呢？他们怎么办？

他们的健康、他们的快乐、他们的求知欲，靠谁去保护？

作业已成一种“虐童刑具”

作业引发的悲剧：

2012年3月，广东省一名8岁男孩放学回家因不愿意写老师布置的家庭作业，遭到父亲的训斥打骂。父亲生气地将孩子带到浴室，将孩子的头摁到装满水的浴缸里，父亲在惩罚的过程中失手将孩子溺死，其父后悔不已。

2012年10月，福建省乐清市，一名6岁小女孩因作业被父亲体罚致死。小女孩的父母长年在福建乐清打工，小女孩和3岁小弟弟在河南老家和爷爷奶奶生活在一起，2012年8月，小女孩的父母为了孩子的教育和前途，把女儿从老家接过来和他们一起生活，在当地小学读一年级。女孩和父母一起生活了两个多月，父亲几乎天天打骂女孩，理由是“棍棒底下出人才”。父亲每天逼女儿读课文，读不准确，打；读不响亮，打；课文背不下来，打。10月5日，父亲下班回来，发现女儿的家庭作业做得不好，对她拳脚相加，罚她不许吃晚饭，让她在原地罚跑6小时，女孩被迫接受父亲的惩罚。当晚11点，小女孩出现身体不适状况，在被送往医院的途中死亡。可怜的小女孩仅和亲生父母生活了两个月，却在父母所谓“望女成凤”、“野蛮暴力”的教育下，凄惨离开了人世。

2012年12月，陕西省某小学四年级，一名10岁男孩因没有完成家庭作业，他的班主任老师当着全班同学的面扇他两个耳光，然后还不解气，让全班55名同学轮流打这个男孩的脸，有的同学不愿意打，便打得很轻，于是老师让打得很轻的同学重新打，重重地打这个男孩的脸，让他记住这是不做家庭作业的下场。结果这个男孩的脸当场被打得红肿，三天后，红肿依然未消。此后，这个小男孩在心理上产生抑郁和自杀倾向。

2014年5月，浙江杭州一位11岁女孩为节省时间写作业而去抄袭同学的作业，被父亲发现。父亲大怒，在家中将女孩吊起来鞭打以示惩罚。在鞭打女孩的过程中，捆绑女孩的绳索不小心将女孩的脖子勒住，造成女孩窒息，女孩不幸死亡，其父悔恨不已……

当前中国，如此摧残和伤害儿童的野蛮行为还有很多很多，可能每天都在上演，想想这些孩子，他们的遭遇真令人心酸心痛。

令人悲愤的是，他们的悲惨和不幸竟是由我们这些“爱”孩子的成人所为。

作业已成为一种残害孩子的暴力行为，作业是一种“虐童刑具”，作业是孩子的梦魇，作业让孩子备受痛苦和摧残！

这种暴力体现在：

成人没有尊重儿童的生理和心理特点，一味强逼孩子完成超负荷、乏味的书本作业。当孩子无法做到或不愿意做的时候，很多成人便使用高压和暴力让孩子屈服。暴力的方式有种种：轻则言语暴力，如责骂、训斥、羞辱、恐吓；重则动用武力，通过鞭笞孩子的肉体来使他们害怕与屈服。于是，孩子因为作业被骂、被打、被训、被羞辱已成一种普遍现象，一种合理行为。

每天，有多少孩子带着苦闷厌烦的心情做作业，丧失他们宝贵的求知欲；有多少孩子因为没有认真完成作业而要受到种种野蛮的惩罚；有多少孩子因为不堪忍受作业的重负而产生轻生厌世的情绪；甚至更为可悲的是，还有的孩子竟然因为不做这些作业而遭成人野蛮地致残、致伤、致死……

多么令人忧伤，令人愤懑，令人焦虑！

但是，很多人认为，上述那些孩子的不幸只能看成是暴力中的“意外”，暴力难免会有失控和不小心的时候，但出发点是为孩子好，是对孩子“爱”和“负责”的体现。所以，过失可以原谅。大部分小孩能适应这种“作业模式”，能健康成才。

可是，从孩子的平等、独立、尊严来看，如果让成人自己处于被暴力虐待、凌辱和伤害的处境，还会有人认为暴力是合理、合情、合法的吗？这样的生活还有快乐、健康、幸福吗？

事实上，他们的健康是在以隐性的方式被摧残，被伤害。

每个孩子都是孤零零、郁闷地趴在桌上写作业，不停地写啊，写啊；抄啊，抄啊。孩子一个个都成了“苦行僧”，忍受着成人给予他们的枷锁和痛苦，日复一日，年复一年，直到每一个孩子都变得机械、呆板、麻木！你们眼里的“健康小孩”最终不过是一个“作业机器”而已。

这样的作业让孩子失去健康、童真、快乐和聪慧，然而，可怕的是，这些作业却还往往成了大人对孩子“施虐”的正当理由。

试问施暴的成人，你们有没有走进孩子的内心，问问孩子，他们真的需要、真的喜欢这样的“暴力作业”吗？

这样的课本作业看似合情合理，似乎想将孩子引向求知大道，其实背后隐藏着太多的“恶”。

这样的作业吞噬了孩子的健康，吞噬了孩子的求知欲望，吞噬了孩子对生活的热情，这样的作业真正是危害孩子健康成长的一剂“毒药”。

遗憾的是，很多成人似乎并未认识到这一点，成人对分数的要求越来越高，成人给孩子的负担越来越重，甚至超出孩子所能承受的极限，最终酿成很多因作业引发的“虐童”悲剧。但是，成人往往却不认为悲剧的根源在于自己，反而认为是孩子的“顽劣”和“不爱学习”导致。

成人，如果你们忽略现当前这种作业的暴力性和危害性，如果你们漠视孩子的生理和心理特点，如果你们背逆孩子的天性，强迫孩子非人性生长，那么“恶”的教育会大行其道，我们收获的会是悔恨和泪水。

我们的教育是成才？ 还是毁才？

很多国人疑惑：

为什么很多在美国长大的孩子总是充满自信与快乐？

为什么他们独立、坚强而又有主见？

为什么他们健康、阳光而又富于创造力？

为何美国是个很有活力的国家？国力、科技、人才处于世界领先地位？文化观念、价值观念多元化？社会环境相对宽松和自由？

在了解现当代欧美教育理念之后，我认为，相对人性化、健康的教育便是答案了。

教育是一国之本。人性化、健康的教育会促成高素质的国民、理性的国家和文明的社会。

相比之下，我们中国孩子面临什么样的教育？

我想起了菲儿的幼儿园，想起了菲儿的小学生活，想起了菲儿惧怕上学，想起了现时代孩子上学的苦恼。

我们的教育为什么令孩子厌烦？令孩子惧怕？令孩子想要逃避？

因为，我们的教育没有尊重人性和健康的自然法则。

学者周国平曾这样谈中国教育：

“如果说教育即生长，那么，教育机构和教育者的使命就是为生长提供最好的环境。

怎样的环境算最好？

生长是人的能力的自由发展，可称之为内在的自由，最好的环境就是为之提供外在的自由。外在自由有两个方面，一是政治自由，包括言论自由、学术自由，另一是自由时间。这里单说后一方面。

在希腊文中，学校一词的意思就是闲暇。

在希腊人看来，学生必须有充裕的时间体验和沉思，才能自由地发展其心智能力。教育家卢梭说：‘最重要的教育原则是不要爱惜时间，要浪费时间。’由我们今天的许多耳朵听来，这句话简直是谬论。但卢梭自有他的道理，他说：‘误用光阴比虚掷光阴损失更大，教育错了的儿童比未受教育的儿童离智慧更远。’

可是在当今的中国，我们的许多家长和老师唯恐孩子虚度光阴，驱迫着他们做无穷的作业，不给他们留出一点儿玩耍的时间，自以为这就是做家长和老师的责任。卢梭却问你：什么叫虚度？快乐不算什么吗？整日跑跳不算什么吗？如果满足天性的要求就算虚度，那就让他们虚度好了。

仔细想一想，卢梭多么有道理，我们今日的所作所为正是逼迫孩子们误用光阴。”

不是吗?

四五岁的孩子要被早早教会“聪明”和“不输在起跑线上”,要学很多所谓重要的知识,所以他们被逼着钉在桌子前背唐诗、学拼音、写汉字、做算术、学英语,他们不是天真、好奇、活泼、好动的幼儿,他们更像一台台安静的“小机器人”。

小学生被判定用考试分数来衡量他们是否聪明。小小的孩子被单一的课本、作业、考试、分数包围,而且还要被家长送入各种所谓有用的“才艺班”和“文化补习班”,大人恨不得孩子在童年就立刻掌握所有的知识和才艺技能。于是,我们的小学生很忙很累,忙上课、忙写作业、忙补习班、忙学这、忙学那,在这又忙又累的生活中,孩子没有了童真、快乐和健康,孩子没有了玩耍、嬉戏和闲暇,自由自在对他们而言是一种奢侈,他们不像孩子,他们更像职场打拼的“陀螺人”。

6 年的中学生活更是令孩子疲乏和痛苦,更是要将孩子的青春、活力和聪明迅速剥夺,将他们变得昏昏沉沉、机械呆板、老气横秋。这 6 年,学生被推入一个与世隔绝的“桃花源”世界。这个世界只有课本、作业、考试、分数,成人似乎要孩子把一辈子的书在这 6 年读完,孩子每天被强塞强灌十几节课,每天被囚禁在教室里长达 15 个小时左右,凌晨六七点就要被驱赶到教室里读课本,晚上 10 点才能被获准离开教室,每天不足 6 小时的睡眠,没有双休日和节假日,就是假期也是被关在家中做试卷,孩子被要求反反复复“啃”课本,反反复复操练习题。孩子成了不会思维的“木头人”。

中国孩子过着“披星戴月”的读书生活，中国学生被赋予“世界上最勤奋、最辛苦、最好学的学生”的“美名”。

可是，这样的“辛苦”、“勤奋”、“好学”能给孩子智慧和幸福吗？

这样的教育以最快的速度将孩子“异化”，十五六岁的孩子看起来不像十五六岁的孩子，他们看上去更像是经历完人生、对人生不再怀有希望的中老年人，他们过着被人安排、被人规定、枯燥乏味的生活，变得规规矩矩、老老实实、机械麻木。

经过十几年这样被强迫、被扭曲、违背人性的成长，当 18 岁的孩子站到人生的十字路口，当他们需要继续求知、独立抉择、规划人生时，他们却茫然、害怕、退缩、怠惰和无方向感，因为他们独立、主动、积极的能力在长期“被强迫的非人性教育”中丧失了，他们只是一架被人摆布和操控的“玩偶”，“玩偶”怎可能具备独立思维，怎可能有胆识和勇气决定自己的人生？

一位 19 岁大学生这样诉说他的苦闷和困惑：

“2012 年，当我们读中学的时候，被‘课本教育’、‘应试教育’、‘服从教育’压得喘不过气，倍感痛苦、郁闷和烦躁。父母和老师告诉我们，‘忍忍吧！孩子，坚持一下，等考上了大学，你就成才了，你就舒服了，你就有幸福了！’于是，我们很多学生听信了，怀着这个目标忍受着上学的乏味、痛苦和煎熬，那时我们真的以为：痛苦会有终结，付出会有回报，大学就是痛苦的终点站，是幸福的开始！然而进了大学，我们才知道，‘考上大学就是成才！大学是人生幸福的开始！'只是大人的一厢情愿和自以为是，一句骗人好听的谎言而已！

成人要的是一种形式上的教育成果：分数和学历。

而我们呢？18岁的我们开始面临独立生活，而独立生活却需要真正的能力来应对：强健的身体，优良的品德，健康的心理，旺盛的求知欲，独立生活的能力，自我规划的能力，社会交往的能力……我们发现，这些真正能给人幸福的能力却在过去12年的'课本教育'、'分数教育'、'服从教育'中被抑制，被蚕食，被扼杀了！

虽然我们摆脱了考试和分数的痛苦，但我们却陷入了新的痛苦：空虚、无聊、怠惰、茫然、苦闷、焦虑。于是，很多大学生过着消极被动、得过且过、浑浑噩噩的生活，他们没有求知欲，没有人生的方向和目标，而18岁的青年本应朝气蓬勃、积极求知、主动找寻自己的人生目标和方向。于是我才明白：依靠'课本'和'分数'挤进大学并不是'成才'，从人的意义上来说，却是在'毁才'！没有求知欲和方向感的生活令人空虚、无聊和苦闷。我不知道该如何找回我的求知欲？该如何规划我的人生？"

这便是违背人求知规律的教育产生的悲剧和恶果。

如此教育下的人的命运，令人心疼，令人悲哀，更令人担忧。

我想起卢梭的话："坏的教育比不教育更可怕。""教育错了的儿童比未受教育的儿童离智慧更远。"

德国和美国的家庭作业 VS 中国孩子的家庭作业

台湾作家龙应台在文章《一只老鼠》中介绍了德国孩子——她的儿子安安的学习生活和家庭作业。安安的认字活动在日常生活中就可以完成，果汁盒、公车车身都是他可以施展认字技能的地方。小孩对能认识到新字感到新奇和兴奋，相反，那些抢先学会认字的孩子，对新字反而没有感觉。安安的大书包里从来都只有一本笔记本和一盒笔，而每天的作业就是在一张纸上面写四行字，即十六个字母组成的四行字，然后就是玩的时间。安安的老师为激发孩子写字的兴趣和积极性，用可爱的老鼠印章数给孩子判定作业的成绩。可是，就是这般少的作业量，安安却需要花 30 分钟才能写完，因为安安边写边玩。并且，安安总是得不到“三只老鼠”(也就是优秀)。于是，安安的妈妈便引导式地提醒安安写字要专心认真，鼓励安安补写或重写写得不好的字，争取获得“三只老鼠”。但，妈妈的行为却遭到安安的愤怒拒绝，安安的自尊心受到了伤害。最后，妈妈向安安妥协了：尊重安安，不强迫安安多写字。

美国小学生情况呢？据《美国小学是这样教育孩子的》作者江秀雪介绍，美国小学一年级的作业不用花 10 分钟就可以完成，写完功课做什么呢？一个字，玩！老师专门启发孩子的学习兴趣，认为学习不好玩、有压力不是教学的初衷。每天回家小孩的书包都是空的，偶尔才躺着几张在学校的练习纸和涂鸦。每个小学生不需要背课本回家，课本都留在学校里。小学生活轻松、简单，没有什么压力，老师也不会告诉家长什么时候考试。学生呢，每天都要做各种练习，但不会觉得那是考试。学校鼓励孩子看各种书，这也是让孩子主动深入某个主题、建立兴趣的好机会。成绩单是用邮寄的，是学期进度表的总结，看不到排名，没有全班平均分，完全看不到跟同学的比较，只能看见自己整学期来学习进度的变化。每个孩子上学不用带书包、回家不用写作业，这种轻松的上学氛围却造就了美国孩子的创造力、想象力和探索力。

菲儿读完这两篇文章之后，朝我奔来，很惊讶很大声地嚷道："妈妈！我发现这太不公平了！"

"菲儿，你发现'什么不公平'了？"我问。

"作业呗！你看看德国小孩、美国小孩的家庭作业！再看看我们中国小孩的家庭作业！我觉得他们好幸福，好快乐！他们每天放学回来，不用做我们这么多的作业，几乎就是玩！玩！玩！德国小孩安安每天早上十一点半就放学了，下午不用去学校上课，每天回来的作业就是写 4 个字，这太少了！太简单了！

这哪叫作业,就跟没有作业一样!”菲儿生气地嚷道。

确实,德国和美国孩子的学习,比中国孩子轻松多了!安安7岁,放学回来只要写4个字!可中国小孩从6岁起,每天要在课堂上抄写100多个字,放学回来还要继续抄写!除了抄写,还要做《语文练习册》《语文同步领航练习》《语文阅读练习》《数学练习册》《数学口算天天练》以及预习课文、复习课文、读背课文、听写字词……每天的作业量是国外孩子的好多好多倍,作业没写完要挨罚,作业没让家长签字要挨批,老师会发出各种伤害孩子自尊的语言和动作,罚做更多,并叫家长一道加入“训孩军团”!

在不同的国家,人的教育观念不一样。欧美国家不给孩子很重的学习任务和很多的作业量,他们认为教育要尊重人性,玩是孩子的天性,玩也是孩子生活中最重要最健康的事。儿童期若给孩子过多的学习任务,会败坏孩子的学习胃口,孩子会惧怕学习,从而逃避学习。孩子要被引向热爱求知,聪明的成人应利用孩子的“玩”,激发孩子的求知欲,寓“教”于“玩”,尊重和鼓励孩子玩。而在我们国家,很多成人对孩子的认识还不够人性,成人总想按自己的意愿塑造孩子,规定孩子。我们不是从“人”的角度看待孩子,更多是从“物”的角度看待孩子,用“强塞”、“强灌”的野蛮方式对待孩子,希望孩子迅速爱上读书,爱上求知,变得智慧。

菲儿在听了我的理解后,沉默了,思考着,似乎有些明白她所处的教育环境。

“妈妈,那我们搬家好不好?我求求你了!你带我去德国好不好？我想去德国念书，我不要生活在中国，我不想在中国念书，我不想做中国小孩，我想做德国小孩，这样我的生活就不会那么辛苦、那么烦恼了！”菲儿用祈求盼望的眼神看着我，坦率地说出了她的想法。

我愣住了，一时无语。

聪明的做法不是把家搬到国外去，而是要改变我们头脑里不智慧的教育观念。我们可以把欧美国家尊重人性的教育理念学过来，用到我们的孩子身上，这样，我们的孩子不用搬家出国同样可以在教育中获得智慧和快乐。我觉得一个人的幸福不是取决于你生活的地方，而是你头脑里的观念。我们要学会识别和拒绝不健康的教育理念和教育行为，这样可以不出国不搬家就拥有快乐健康的生活！

儿童有这样的特点：他感兴趣的事情，他会不知疲倦地去做，会很专注、认真和勤奋，但对他不喜欢的事情，再少量再简单的事，他也没有热情，也许一分钟都坚持不下来。大人对孩子的期望值如果超出孩子本身的能力，对孩子提出荣誉、争优、获奖等功利要求，这会让孩子感觉有压力，原本感兴趣的事会变得没有热情。比如，德国小男孩安安写字不够专心认真，不想写很多，可能是安安觉得写字枯燥乏味，还有可能安安对荣誉和表扬不太感兴趣，不在乎能得几只“老鼠”，他在乎的是事情本身有没有趣味性，好不好玩。

“孩子的行为更多受兴趣和快乐所驱使，孩子很本真，不会作假。所以成人不应该迫使孩子学习,而是要将孩子引向快乐主动地求知。”我告诉菲儿。

影响孩子快乐求知的第一大“凶手”就是大量的孩子不喜欢的作业。如菲儿的语文课有一项家庭作业是预习课文,老师要他们提前为新课做准备,认生字,给生字注音、组词,标注自然段,朗读课文5遍,还要求家长签字和监督。这项作业不仅让小孩生烦,还大大败坏了他们上新课的兴趣,因为熟悉了课文内容,好多小孩上课做不到专注认真。可老师却还骂他们是一群不爱学习的“懒猪”!

小孩每天还要抄写大量的词语。碰到节假日他们就更辛苦,老师会布置很多的字词抄写,有时一天要抄两三百个字!更多时候,小孩就像架写字机器,机械拼命地抄写,脑子一片空白,根本没有记下抄写了什么,可老师却还骂他们是笨蛋,字词总是写错!

阅读本是一件很快乐的事,可老师却把它变得无趣乏味!老师不让他们自由读书、广泛读书、按自己的兴趣读书,强迫小孩读指定的《阅读训练》,做课后阅读题,最觉得负担的是,还要被强迫写读书笔记,摘抄好词好句,写感悟,不写读书笔记的就要被罚背书或抄书。这项作业也令小孩感觉烦恼和害怕!

写作文也同样令他们苦恼!小孩需要自由宽松地写,写自己的真实想法,写自己感兴趣的主题,需要老师尊重他们各自不同的观点,可是老师却要求小孩按她设计的框架思路来写,要添加很多修饰词语，要规定字数，如不少于300字，字数不够的就要被罚重写。老师用统一的作文模式把小孩的大脑绑定住。于是，写作文又成了一件苦恼的事，为了不受罚，不重写，为了迎合老师的口味，凑满老师规定的字数，小孩绞尽脑汁，最后学会了说假话、写废话、堆砌词语，不敢有自己的独立见解和真实思维，想象力和创造力活生生地被扼杀。可这还不够，老师最后还要求小孩重复誊写和背熟自己的作文，为考试做准备，考试若碰上相同的题材就照搬上去，确保不偏题，可以拿高分。背熟自己的作文！这是一件多枯燥乏味的事！这样的作文模式是培养人的独立思维，还是在扼杀人的独立思维？是培养小孩的想象力、创造力，还是在扼杀他们的想象力、创造力？

长此以往，根本没有小孩愿意去学校，根本没有小孩愿意读书。

我不知道这般僵化不人性的教育要持续多久？

在孩子面前，我们成人为何不放下专制霸道的面孔，好好想一想，我们强塞给孩子的学习任务健康合理吗？

我们为何不用我们的眼睛、大脑、心去感受孩子的天性和真实？

1930年，漫画家丰子恺曾这样谈儿童：

儿童对于他们喜欢干的事情总是认真而专心的，把身心全部的力量都拿出来干。

哭的时候用全力去哭，笑的时候用全力去笑，一切游戏都用全力去干。干一件事的时候，把这事以外的一切别的事统统忘却。一旦拿了笔写字，便把注意力全部集中在纸上。纸放在桌上的水痕里了也不管。一旦知道同伴们有了有趣的游戏，冬晨睡在床里的会立刻从被窝钻出，穿了寝衣来参加；正在换衣服的会赤了膊来参加；正在洗浴的也会立刻离开浴盆，用湿淋淋的赤身去参加。被参加的团体中的人们对于这浪漫的参加者也恬不为怪，因为他们大家把全精神沉浸在游戏的兴味中，大家入了‘忘我’的三昧境，更无余暇顾到实际生活上的事及世间的习惯了。

成人的世界，因为受实际的生活和世间的习惯的限制，所以非常狭小苦闷。孩子的世界不受这种限制，因此非常广大自由。

孩子爱幻想，于是他的世界广大自由。他见了天上的月亮，会认真地要求父母给捉下来；见了已死的小鸟，会认真地喊它活转来；两把芭蕉扇可以认真地变成他的脚踏车；一只藤椅子可以认真地变成他的黄包车；戴了铜盆帽会立刻认真地变成新官人；穿了爸爸的衣服会立刻认真地变成爸爸，照他的热诚的欲望，屋里所有的东西应该都放在地上，任他玩弄；所有的小贩应该一天到晚集中在我家的门口，由他随时去买来吃或玩；房子的屋顶应该统统除去，可以使他在家里随时望见月亮、小鸟和飞机；睡床里应该有泥土，种花草，养着蝴蝶与青蛙，可以让他一觉醒来就在野外游戏……

我企慕孩子们生活的天真，艳羡孩子们世界的广大；若有人笑我故意向孩子们的幻想中找寻荒唐的乌托邦，来逃避现实；我也可笑他们的屈服于现实，忘却人类的本性。我想，假如人类没有这种孩子们的幻想的欲望，世间一定不会有建筑、交通、医药、机械等种种抵抗中自然的建设，恐怕人类到今日还在茹毛饮血呢。”

是的，儿童热情、主动、积极；儿童充满好奇与活力；儿童是认真、专注、快活的“劳动者”，儿童有着无限的探索欲和求知欲；儿童好自由、好想象、好创造；儿童天真烂漫，真实自然。这些天性足以让儿童成长为健康智慧之人。

为何我们不尊重儿童的这些天性和自然？

为何我们要把儿童引向怠惰、狭窄、苦闷、消沉；顺从、屈服、卑怯、麻木；世俗、功利、诈伪、险恶？

1935 年，周作人先生这样谈中国儿童：

“据人家传闻，西洋人在 16 世纪‘发现’了人，在 18 世纪‘发现’了妇女，在 19 世纪‘发现’了儿童，于是人类的自觉意识有了眉目，我听了真不甚羡慕之极。中国现在到了哪个阶段我不能却说，但至少儿童总尚未‘发现’，而且也还未曾从西洋学了过来。”

周作人先生这里说的“发现儿童”是指“尊重儿童”的意思。

周作人先生很诚恳直率地指出：1935 年的中国，中国成人没有把孩子当平等人看，中国成人没有尊重孩子的人性和天性。

然而，我也想诚实地指出：80 年后的今天，21 世纪的中国，孩子依然没有被健康人性地对待。

何时我们成人能用我们的慧眼“发现”儿童和“尊重”儿童？何时我们成人还“健康”和“人性”给儿童？何时我们的儿童可以像“人”一样，健康人性地生活？

让玩耍成为孩子的家庭作业！

自从为菲儿申请免做家庭作业之后，菲儿变得轻松快乐，菲儿不再承受家庭作业带来的烦恼和压力。

每天，菲儿一放学，我发现，她的头等大事就是玩。的确，玩是孩子最愉快最健康的正经事。

菲儿会找各种各样的乐子享受她的自由时光。她画画，剪纸，做手工，和邻家小孩玩游戏，过家家，追逐嬉戏，骑自行车，溜滑板车，玩沙子，或者找我下盘跳棋，和爸爸打羽毛球，阅读故事书，看1小时的电视动画片……

总之，菲儿一刻也不会让自己闲着，菲儿有很多很多事要干，菲儿也能干很多很多事，并且，菲儿在自己喜欢的事中感受到了生活的自由和快乐。

只要给孩子多些自由的时间和空间，尊重孩子的主动性和积极性，孩子表现出来的能力、创意和聪明常常会让成人大吃一惊。

成人若剥夺孩子合理的自由和主动，处处为孩子安排，孩子会变得木讷、被动、消极、笨拙、不灵活，孩子会丧失聪明、大胆、独立、积极、活泼和创造的能力。

我不禁想呼吁：孩童时代，孩子的家庭作业应是快乐地玩耍，谁剥夺了儿童自由玩耍的权利，谁就是在扼杀儿童的健康成长。

儿童需要大量的闲暇玩耍。

自由玩耍让孩子的身体变得健康而强壮，以应付未来生活的风风雨雨和磨难。

自由玩耍开启孩子的求知欲望和智慧大门。孩子最初的知识不是在大脑里自然形成，也不是靠灌输所得，却需要孩子通过自己的感官获得，孩子会用眼睛、耳朵、鼻子、双手、双脚去感觉事物和体验事物。孩子的好奇心被激发，孩子才会有学习和探索的欲望，才会主动汲取知识。人的认识规律决定了人先获得感性认识，才能走向理性思考。

自由玩耍是孩童最大的精神需求，更胜过物质带来的快乐，它让孩子精神愉悦，心理健康。孩童若小小年纪对生活感到抑郁、痛苦和厌烦，那他又如何鼓起勇气长大成人和积极生活？

孩子在“玩”中获得强健的身体，浓烈的求知欲和快乐的精神需求，这是自然所赐。成人要做的应是尊重这健康的天性，而不是强扭或扼杀这天然的本性。

顺应自然之性的东西能结出硕果，违背自然之性的东西只会自结苦果。

请不要剥夺孩子玩的天然权利，请不要用种种名目如“好好学习”、“考重点班”、“学才艺”、“读名牌大学”、“出人头地”等这些束缚人的枷锁诱惑他们和扼制他们，请不要牺牲他们的玩要时间，牺牲他们的健康。

儿童在童年时代玩得越少，他也就被扼杀得越快，他注定不懂也感受不到生活的幸福。

五　孩子累，老师更累的课堂教学

“复读机”式的早读课，还有存在的必要吗？

开学有好些天了，可我发现上学给菲儿带来的乐趣不是很多，烦恼却在不断增加，因为大人在教育这件事上太一厢情愿，太自以为是。

大人从不考虑孩子的感受，喜欢按他们的思维安排孩子的学习。

就说最近的一个新烦恼：关于早读课的事情。

老师为了帮助小孩提高学习的主动性和积极性，巩固所学的知识，要求小孩必须每天认真上好早读课。也就是：老师不在的情况下，由班长或学习委员带领大家集体读书。结果发现，早读课实在不是一种有效的做法，大人在逼迫小孩读书，如同作业一样，早读课带来的强迫感和枯燥感几乎令每个小孩都深感烦恼。

菲儿对早读课的情形描述道：

每天早上 8 点，早读课准时开始，班长李浩楠带读，读什么呢？

集体读课本。

比如语文早读课，最近学了3篇课文，《柳树醒了》《春雨的色彩》《邓小平爷爷植树》，老师就让我们反复朗读这些课文，反复朗读课文中的生字词语，并且还要大声响亮地读，让老师站在教室很远处就能听到。

大人的理由是：知识要不断地巩固才能记牢，才能考得好，所以要反复朗读、反复记忆。

可大人却忽略了一个重要因素：小孩学习可不是为了记牢什么东西，也不是为了考试分数，学东西最大的驱动力是乐趣，小孩感觉有趣，就愿意学。小孩在求知上有“喜新厌旧”的特点，喜欢接触新知识、新东西，反复“嚼”学过的或学会的知识会让孩子感到厌烦。

而现在，早读课恰恰就是这样乏味枯燥的重复，老师强迫小孩一遍又一遍朗读课文和字词。

数学早读课，也令人乏味。

念什么呢？

背诵数学概念和数学公式。我们要跟着班长摇头晃脑的背“九九乘法表”：一一得一，一二得二，一三得三……或者整节早读课读数学公式：加数＋加数＝和；被减数－减数＝差；被减数－差＝减数……

三年级的表姐说，整整一学期，每天的早读课，老师让全班孩子反复朗读以下的内容，孩子们都读得发腻和恶心：

1乘任何数都等于任何数，0乘任何数都等于0；

商乘除数等于被除数，被除数除以除数等于商；

除数相同，被除数越大，商就越大；

长方形的周长等于长加宽的和再乘以 2；

正方形的周长等于边长乘以 4；

……

老师说，这些课本内容，不管学生会不会，都要大声喊，反复读，喊得嗓门发哑，老师才满意。老师认为孩子是在认真学习，是在培养良好的学习习惯。

这就是我们的早读课，反复读课本的早读课！枯燥、乏味、疲乏！

虽然早读课只有短短的 20 分钟，但对孩子而言，不喜欢做的事，1 分钟都嫌漫长，这是令人难熬的 20 分钟。

可更令人苦恼的是，大人会运用野蛮和暴力强迫孩子早读！

一开始，全班孩子都不愿意跟着班长读那些读了百遍的语文课文和数学公式，读得不卖力，老师很生气，老师让班长做"监工"，监督其他孩子早读，把不读书或读得不卖力的同学名字记下来，交给老师，再由老师处罚这些小孩。

菲儿继续向我诉说道：

有一天，蔡冬冬、赵文杰、李丹等三名同学在早读课上被记名字了。结果，他们得到三项惩罚：第一，罚站一节课。第二，罚抄当天早上读的课文。因为课文内容太多太长，他们最后都抄哭了。第三，叫孩子的家长到学校来。

于是，我们都害怕了，我们害怕罚站、害怕罚抄课文、害怕被父母训斥，所以我们都屈服了。大人的野蛮和暴力奏效了。

现在，不管我们愿不愿意读，不管我们喜不喜欢读，每一个人都不敢怠工，都老老实实读课文、读数学公式、背数学概念，在班长的监督下，大家都拼命、机械地扯着嗓子喊！

于是，全班一派“认真、好学、整齐、有秩序”，一派“书声琅琅”。

表面看上去，全校几乎每个班级都书声琅琅、整齐、有秩序，孩子们似乎显得很好学、很认真、很懂事，其实，这是假象，这是自欺欺人。

大人喜欢粉饰教育，掩盖真实。

因为大人要的这种“整齐、秩序”，“好学、认真”，并不是真正的自觉、自主、积极的行为，并不是发自孩子的内心需要，而是成人用野蛮和暴力强迫达到的假象。

因为害怕野蛮与暴力，小孩只有服从，按大人的要求做，事实上，几乎所有的孩子在早读课上都心不在焉、消极怠工，只是机械地张合嘴巴，大脑却在想着别的事，大家盼的就是把这20分钟快快熬过去，快快混过去！

这样乏味累人的早读课，禁锢小孩思维的早读课、扼杀读书兴趣的早读课，在孩子们的求学生涯中，竟要持续整整12年，从小学一年级到高三毕业！

12年！这样的早读课会把原本聪明伶俐、积极好学的孩子驯化成有口无心、不用思维的机器，孩子的读书兴趣、求知欲望也会随之消失殆尽。

这是我们的悲哀，更是教育者的悲哀。

数学复习课，就像“炒剩饭”

晚饭过后，菲儿向我宣布一个重要消息：

“妈妈，我们马上就要期中考试了。老师说期中考试是非常重要的考试，她希望我们认真复习，争取考出好成绩。可我有点担心，我担心考不到100分！”

菲儿的表情很认真，但却显得有些焦虑和烦恼。

看到出，对100分的期盼让小小的菲儿有了心理压力。

我宽慰她：

“菲儿，你别紧张，其实期中考试跟你们平时的小测验一样，没什么区别，只是检查一下你们这两个月学的怎么样，找找学习上的不足，看看你们小朋友还有哪些知识没弄懂。至于分数，你别在乎，人学习的目的是为了获取知识和快乐，无论你考多少，妈妈都不会责备你，我会帮助你弄懂不会的东西。所以，和平时一样，轻松上学，别担心考试！”

菲儿还是不开心：“可是，妈妈，说真的，就是没有分数的压力，我还是讨厌数学课！”

“为什么？菲儿，你不是很喜欢数学课吗？”我很纳闷。

菲儿抱怨地说："可这两周的数学课太不好玩了，全是复习课，老师讲的东西已经重复很多很多遍了，我们早就懂了，可老师还是每天反复讲，老师告诉我们，期中考试就是考这些内容，这些题目懂了还不行，还得把这些题目记得牢牢的，不允许在考试中出错，谁出错，谁就等着罚抄错题很多遍。老师希望我们期中考试得高分，不能落后于其他班！所以数学老师反复强调我们上课要认真听讲，认真记住这些题目。可我真觉得烦、腻、不想听！"

"还有，语文老师、英语老师也反复强调期中考试的重要性，要我们回家读课文、写字词，要我们认真复习，争取考高分。妈妈，我觉得这样的读书不好玩，我不喜欢考试，考试害得我们很惨！在美国，很多小学根本就没有期中、期末考试，小孩的学习好轻松，没有什么压力，学习效果反而更好！可在中国，大人都那么在乎考试！在乎均分！在乎排名！"

原来，为求高分，为求排名，老师竟采用反复"炒剩饭"式的上课模式，所以菲儿失去了认真听课的耐性，菲儿对课堂产生厌烦之心。

我不由对这些孩子充满同情，也为这些孩子感到委屈：孩子不听课，错不在孩子，错在成人！

为了一次普通的考试，为了全班的高分，为了同其他班进行成绩评比，我们的老师，强迫孩子反复操练让人腻烦的习题，强迫孩子忍受枯燥的"炒剩饭"的上课模式，却还要孩子保持高度的听课热情和学习兴趣，一旦孩子因为厌烦失去听课的耐心，老师就采取野蛮的惩罚方式强迫孩子听课。

这样的教育是好的教育吗？

原本，孩子的好学是出于对事物的新鲜、好奇、感兴趣，因而才有求知的欲望和动力，才有求知的快乐和持久。孩子一旦被强迫重复做一件事，哪怕这件事情有多重要、有多好玩，他们也会很快腻烦，失去兴致，因为孩子的字典里没有“重要”二字，只有快乐才会吸引他们。所以，若要孩子保持长久的学习兴趣和学习欲望，我们就应该尊重孩子的求知特点，不要用不健康的“重复性”和“枯燥性”败坏孩子的求知欲。

我们应小心保护孩子的学习兴趣和学习欲望，而不是给孩子灌输一点有限的课本知识，在高分中获得一种满足和虚荣，甚至为了高分不惜败坏孩子的学习胃口。孩子在枯燥的“炒剩饭”模式下一旦丧失学习的兴趣和乐趣，那么他便很快丧失学习的热情和能力，再牢固的知识也将烟消云散。再者，一个人的知识完全来自被动的填塞和灌输，这样的学习也没有多大价值。

现时代，我们不幸陷入了“分数教育”的泥沼，分数成了教学的目标。不断重复、反复操练的“炒剩饭”教学模式确能让考试分数增长不少。但仔细想想，这样的分数有意义吗？牢固的课本知识真能体现孩子的智力、能力和人品？

我们为何不思考：如果说“高分”意味着成才，意味着教育成功，可为何成年后的很多国民却没了求知欲、没了探索欲、没了创造欲？相反却陷入物质、吃喝、打牌、麻将、赌博，陷入空虚无聊，陷入浑浑噩噩与得过且过？为何我们的国力、科技、人才不与我们的高分成正比？为何我们的国民素质不与我们的高分成正比？为何我们的幸福不与高分成正比？

孩子获得了高分，教育者自以为教出了成果，以为孩子能成才，殊不知，人类的知识浩瀚无垠，未知世界更是广袤无边，求知范围若被限定在一本或几本教科书中，岂不是坐井观天？

事实上，这种高分获得的同时，也在残害孩子的身体，牺牲孩子的求知欲，扼杀孩子的学习兴趣，抑制孩子智力的发育，损害孩子的品德，束缚孩子的各种能力，将孩子沦为一架“机器”，孩子最终既无法真正成才，也无法享受到生活的快乐和幸福。追求高分的“课本教育”事实上是一种愚民教育，是残害人的教育。

我在心里默默说道：

孩子，请快乐地求知，抛开那愚蠢的分数，别做分数的奴隶，别为了高分的虚荣丢掉了可贵的求知之心。

老师的心声：你们以为我不辛苦吗？

有一天傍晚菲儿的诉说：

早上8点，我们开始早读，由学习委员带读，我们齐声、有口无心地背诵数学公式、数学概念。8点30分，下课铃声响了，我们长叹一声，终于可以从这乏味的早读中解脱出来！

谁知，语文老师迈着匆匆的脚步进来了，说今天就不要课间休息了，她有很多教学任务要完成。她让我们立刻把语文书拿出来，开始上课。

霎时，我们的心跌倒了冰点！

不过，其实我们早已习惯了这种不幸：课间休息被随意剥夺和取消，但是，每当听到那悦耳的下课铃声，我们还是满心希望：亲爱的老师，请给我们课间休息，请让我们轻松一下。

然而，我们的希望总是落空，我们活在服从和安排中！

我们的不情愿、不开心被老师看到了，老师生气了。

老师开始训我们：

“你们就想着休息，想着玩，是吗？你们以为我不想休息，不想玩，不想轻松吗？你们以为我喜欢给你们听写这些字词、反复讲题目、让你们天天‘啃课本’吗？我还不是为你们好，对你们负责！我天天给你们讲课本，讲习题，讲多了，我自己都觉得腻烦和恶心！可是，考试只考课本啊！没有分数，你能上好中学吗？没有分数，你能上大学吗？不上大学，你能有工作吗？找不到工作，你又如何对得起你父母？你又如何受别人尊重？让别人看得起你？……”

讲着，讲着，不知什么触动了老师，老师的语气开始变得缓和：“当然，我也知道你们很辛苦，才七八岁，就有很多学习任务，上课、作业、考试，还要上补习班、培训班、特长班、才艺班等等，玩的时间的确很少！到了中学你们会更辛苦，要早早爬起来去学校，读课本、写作业，一直要忙到深更半夜，我知道这样的学习的确很辛苦很乏味，可谁不是这样呢？现在的竞争很激烈，你不努力，就会被别人甩在后面，就会被别人瞧不起！我天天这样逼着你们学习，天天用鞭子在背后督促你们，骂你们，训你们，我是为你们好，我希望你们将来都有出息！况且，你们以为我不辛苦吗？你们以为我骂你们训你们，我的心情好受吗？你们以为我不想轻松、不想休息、不想快乐吗？”

老师的情绪有些激动：“我每天要辛苦地给你们讲课，还要批改很多作业，光作业本就有七、八套，《语文练习册》《语文领航新课标》《语文阅读练习》《生字本》《词语本》《听写本》《作文本》，还要改试卷，你说你们很累很辛苦，眼睛因为写作业近视了！我呢？我每天要看的作业比你们更多，我每天要批改一两百本作业！我有没有厌倦过？偷懒过？抱怨过？烦闷过？我就是再累再苦，我还是坚持！我还不是希望你们学习好，有个好分数，将来有出息！可是，我这么辛苦，这么累，这么焦急！你们却还不听话，不按我说的做，总让我生气，你们说说，你们是懂事的孩子吗？”

听到这儿，我感觉到了老师的伤心、疲惫和无奈。

我不由对老师涌起一股怜悯之情。

小孩上学是件很辛苦、很不快乐的事，大人似乎只是在发号施令，布置任务，看上去大人很轻松很舒服。而如今听了菲儿的转述，我发现老师一样也不快乐，也一样很辛苦！

他们总是气嘟嘟，总是看孩子们不顺眼，总是要生气地训人，这样的教学方式不但损害他们的健康，而且也无法让他们体会到教学的快乐和轻松。教学对老师而言，变得苦不堪言，正如孩子上学的感觉一样，教学让师生都感到痛苦、郁闷，成为一种相互折磨和相互伤害！

何时，教与学变得如此痛苦，如此折磨人？

教育的初衷本是为了给人文明、理性和幸福。我们为何要背离这样美好的初衷，为何要陷入痛苦、野蛮的泥沼？

菲儿继续回忆说：

今早，两节语文课连上，整整100分钟。

第三节课，本是音乐课，可是数学老师进来了，她说，期中考试快要来了，她也有很多习题要讲，她把音乐课换成了数学课。

于是,我们又连上了两节数学课,课间休息也取消了。

的确,老师很辛苦,老师很尽责,老师为孩子付出很多!

每天,他们要争分夺秒地讲课,讲解重复多遍的习题,批改繁多的作业本、练习册,不厌其烦地抓住一切机会往孩子们的脑子里填塞他们认为重要的学习内容和考试内容,而小孩也只能在老师如此“辛苦”和“负责”的教学中,被迫辛苦而又痛苦地学习,被迫跟上他们繁重的教学节奏,被迫机械、麻木、扭曲地长大。

获奖和荣誉高于运动本身，体育课成了“鸡肋”

晚上8点，和菲儿一起读完几个有趣的故事之后，我给了她一个甜蜜的吻，准备离开她的房间。可菲儿却拉住了我的手，不让我走，脸上露出苦恼、担忧的神色。

“妈妈，我害怕！”菲儿说。

“菲儿，不怕，你不是早习惯一个人睡吗？”我轻声对她说。

“我不是怕一个人睡，妈妈，我想起了明天要上体育课，我怕上体育课！”菲儿说。

我又重新在菲儿的床边坐了下来。

“菲儿，体育课应该很好玩啊，你们小孩最活泼好动了，你们该是很喜欢的啊！你干嘛要怕体育课？”我笑着问她。

“体育课一点儿也不好玩！”菲儿撅起嘴，有些生气地说道。

“老师让我们反复做广播体操，枯燥得要命，一点自由活动的时间都没有！我们多想在操场上奔跑、追逐、在游戏中运动，妈妈，难道只有广播体操才能锻炼身体吗？而且，我们的体育老师，他凶得要命，上课从不对我们笑，我们要是有哪个动作没做标准或者不会做，他就会骂人，会踢人，最可怕的是，他会罚我们到队列前蹲马步。小孩都怕，有几次都蹲哭了！”

菲儿说到这儿，从床上一跃而起，给我演示半蹲的样子。

“妈妈，老师说学校马上要进行广播体操比赛，每个班都要参加，如果我们做得不整齐、不好看，给他丢脸的话，他就要重重地罚我们，罚我们全班蹲马步，罚我们以后的体育课没有自由活动的时间！妈妈，我觉得我们学得很努力了，可有些动作真的很难做！”菲儿愁眉苦脸地说道，“妈妈，我怕上体育课，我怕做不好，我怕被老师凶，怕被老师罚蹲马步！”菲儿很苦恼。

菲儿还告诉我，老师让孩子们每天回家练习一下，不要因为个人而影响了班集体荣誉。

“原来，反复操练广播体操是因为要比赛，恐吓孩子、体罚孩子是因为要拿团体奖！”我心里叹道。

学校给孩子很多集体规定：佩带校服、校牌、红领巾，做课间操、眼保健操，进行卫生检查，遵守文明礼仪等等，这些都通过“班集体荣誉”和“扣分制度”来督促每个班级认真履行，即一个孩子没做好，就会扣他所属班级的分，最后评选出“最优班级”和“最差班级”。

有些孩子因为大意、疏忽，难免经常“违规”而被扣分，然后他就会受到老师、同学的指责，被认为品行不好，没有“集体荣誉感”，还要接受惩罚。

运动会也强调“班集体荣誉”。

在运动场上，我看见很多孩子出于班级荣誉感，为自己班上的同学猛喊“加油！加油”为他们助跑，替他们拿水，很是热情助人。但是对于其他班的竞争对手，他们却大喊“减油！减油”，有些孩子还会想些“歪招”，故意干扰别班孩子跑步，有些荣誉感强的孩子还会因为没有拿到第一而产生怨恨心理，和拿到第一的孩子吵架！

此外，孩子们时不时去观看自己班级的总分，及时向老师汇报自己班级的排名情况。

学校的文艺表演，团体比赛也是要充分展现“班集体荣誉”，名次和奖项的争夺更胜于文娱活动本身，所以孩子们要忍受训练的枯燥、乏味，要忍受老师的训斥、体罚……

成人用“班集体荣誉”影响和支配者孩子的生活、学习及行为举止，但似乎，没有给孩子文明、轻松、愉快，反而让孩子自私、狭隘、功利，学会排斥他人。

面对教育上的这些不足，我们大人真的应该向孩子们说声“对不起”，上学这件本来很好玩的事情现在变得令孩子烦恼和苦闷，我们大人真的该多听听孩子们的感受，反思我们这种自以为是的教育！

在我安慰的话语中，菲儿的苦恼似乎减轻了许多。

几分钟后，菲儿闭上眼，睡着了。

坐在床边，看着菲儿那张稚嫩、熟睡的小脸，我在担忧：

明天，孩子们面对的是恐怖？还是微笑？

“我想念美术、音乐课”

晚饭的时候,和菲儿边吃边聊。

菲儿皱起眉头,不快乐的说:“妈妈,我告诉你,我们好久都没有上美术、音乐课了!唉,我真想念美术、音乐课!我喜欢画画和唱歌!”

“菲儿,你们每周不是有两节美术课和两节音乐课吗?怎么会好久没上呢?”我很纳闷。

“老师最近把美术和音乐课都取消了,连体育课也被取消了!”

“为什么?”我很吃惊。

“老师说快要期末考试了,她说要多抓紧时间上语文数学,语文数学是主课,音、体、美是副课,不重要,少上几节没关系,要是语文数学考差了,可就要羞羞脸了!所以,老师把美术、音乐课都换成语文数学课了!”菲儿解释道。

“可是,妈妈,你知道吗?语文数学上多了真让人发腻!我们都很喜欢音乐、美术、体育,还有活动课,因为可以带给我们很多乐趣!为什么要分主课和副课呢?”菲儿满脸的不高兴。

面对菲儿的质问，我内心顿感难受。

课程不应有主、副之分，更没有重要和不重要之分！一个人的知识汲取应是多方面的，求知范围应该广泛自由，人只有多方面接触不同的知识，才能找到求知的乐趣和方向。我们认为音、体、美不重要，将孩子置于单一、狭窄、枯燥的考试学习中，真的是很错误的做法！我决定去学校反映这个问题，争取还孩子们享受音乐、体育、美术课的权利和乐趣！

听着我的决定，菲儿看着我，轻松地笑了。

孩子为什么喜欢音乐、美术课？

在孩子的眼里，音、体、美是类似“游戏”的课程，是在玩。

几乎所有的孩子都热爱画画。

美术课上，孩子一个个就像是创作大师，他们主动、积极、热忱，他们沉浸在快乐的“涂鸦”中，他们的表情是那么的专注、享受，感觉他们不在教室，而在童话梦境里一般。是的，孩子喜欢画画，因为他可以自由地表达，无拘无束。绘画是儿童最直接、最自由、最便捷的情绪表达方式。

美术没有对错，没有标准答案，它很容易让孩子获得成功。一根线条，一抹色彩，一个图形足以让孩子雀跃鼓舞。每次画完，孩子就像是完成一个伟大的工程，他们会自我陶醉，这让孩子自信满满且快乐无比。

并且，画画让孩子的眼、脑、手综合运用，孩子敏锐的观察力、丰富的想象力、奇特的创作灵感，便是在这看似无用的“涂鸦”中得到激发和培育的。

可以说,孩子的想象潜能、形象思维、动手能力都是在音、体、美中挖掘出来的。科学巨匠爱因斯坦曾说:“我如果没有青少年时代的音乐教育,就不可能有我现在这些科学上的成就,我的科学成就很多是从音乐启发而来的。音乐给了我智慧和灵感。”

正如他所说:“想象力比知识更重要,因为知识是有限的,而想象力概括着世界上的一切,推动着人类进步,并且是知识进化的源泉。”

令人疲惫的期末考试生活

菲儿放学回来了，满脸沮丧。

菲儿告诉我：

第一：老师说，从今天起，我们进入期末复习阶段，期末考试是很重要的考试，她让我们别总惦记着玩。每天放学回来，把心思放在学习上，认真抄写生字，听写生字，多做考试复习题，让爸爸妈妈帮忙检查、批改和督促。

第二：老师说，作为一、二年级的学生，期末考试成绩没有考到95分以上的，都算不及格。老师希望爸爸妈妈在家管理和督促我们，不要让我们成为不及格的小孩。

第三：老师还宣布，这次期末考试没考到95分以上的小孩，影响了班上的均分和排名，老师会惩罚他们，寒假就别想玩了，会有更多的作业等着他们！

听完菲儿的汇报，我不寒而栗，我的心情沉重起来，这样的期末考试竟让我一个成人也感觉恐怖和压力重重！7岁的孩子该如何承受？

菲儿苦着一张小脸，几乎要哭了："妈妈，万一我努力了，认真了，还是考不到95分怎么办？我怕罚抄课文、罚抄生字、怕一大堆的作业等着我，怕老师骂我，怕别人笑话我成绩差……”

我轻轻抱住菲儿，安慰她：“菲儿，别怕！老师对分数的要求不合理，你别紧张，像平常一样，轻松快乐地过好每一天，好吗？”

菲儿朝我默默点点头。

接下来的20天，我发现，7岁的菲儿以及和她一般大的孩子，无法轻松快乐地度过每一天，为了考试，为了分数，孩子像“机器”一样，每天被迫接受老师安排的超强度、枯燥、机械的考试训练。

孩子就像一台台发声的“复读机”，读课文、读生字、读词语，背老师圈定的“考试要点”和“重要内容”，如量词的用法、多音字的读音和组词、病句修改，背诵特殊词语如“绿油油、红彤彤、白花花等”，背诵特殊句式如拟人句、反问句、感叹句……

读完乏味的课本内容，接着就是做枯燥的复习试卷。

白天在学校，孩子们要做语文复习试卷、数学复习试卷，然后听老师讲解试卷；放学回来，老师还是让读课文、写生字、做复习试卷，没有完成这些任务的便要接受训斥和惩罚。

这样超负荷的试卷生活令孩子身心俱疲、害怕上学。

如此的教育，孩子该陷入怎样的一种困境？

成人要分数，要排名，要竞争，要名利，要虚荣，要面子，所以，将孩子变为“工具”，变为“考试机器”，变为“听话机器”，将孩子置于可怕的僵化教育，置于痛苦和窒息的环境，却不去思考孩子的成长是否健康幸福，国家和民族的发展是否文明和谐？

这样的教育，孩子会被引向厌学、怠惰、消极和愚钝。

面对不健康的试卷，孩子们有拒绝和不服从的权利。

六　不再让分数禁锢了孩子！

100 分才是最棒、最优秀的！？

中午，菲儿放学回来，显得非常不开心。

菲儿从书包拿出一张试卷，低着头，递给我，很苦恼地说：“妈妈，今天语文小测验了，我没考好！”

带着疑惑，我快速瞄了一下试卷，卷面上写着一个鲜红的 99 分，我大声嚷道：“哇！菲儿！你好棒啊，竟然考得这么好，几乎全都答对了！我小时候可没你这么厉害，你还说你没考好！”

可菲儿竟不为我的话所动，菲儿抬起脸，皱着眉头：

“不！妈妈，是真的，我没考好，99 分不算什么，我们老师说了，一年级的知识很简单，考 100 分是很容易的事，100 分才是最好、最优秀的！我们老师还说了，成绩没达到平均分的就是不及格，不及格是很丢人的事！这次考试的平均分是 95 分，班上有 8 个小孩没达到平均分，他们都被老师批评了！我没考到 100 分，意味着我不是最好、最优秀的，你说我能开心吗？”

原来如此，我明白了菲儿不快乐的缘由。

我为菲儿的不快乐感到震撼：

是啊，年幼的孩子是如此喜欢和信赖我们，如此在乎、期盼、渴望我们的欣赏和肯定，因而，孩子会把成人的言语和要求当做“圣旨”来执行，会把成人的观念奉为自己的生活准则，会用成人眼里的标准来要求自己。

当孩子跨入学校，正如需要父母的爱一样，他们也很渴望老师的肯定和喜欢，当老师对孩子们提出分数的要求，当老师对孩子们说出“100分才是最棒、最优秀的！”时，孩子们便毫不犹豫地相信和接受了，孩子便以此为目标来要求自己。孩子还不具备是非判断能力，孩子的弱小、无助和对安全的渴望告诉他们：听大人的话，按大人的要求做，大人才会喜欢自己。

6岁的菲儿本不知分数为何物，本不会用分数衡量自己，但当老师提出100分的要求，当老师表现出对100分的喜爱和赞赏时，和其他孩子一样，菲儿也陷入了对100分的喜欢、期盼和神往。

孩子便是这般单纯、可爱与天真！

我被孩子稚嫩的心感动了。

可是，面对孩子对我们成人的喜爱和信赖，我的内心不由产生内疚之情，我怎么让菲儿明白这样的一个事实：我们成人并不总是代表正确和智慧。

正如这“分数”一样。

年幼的孩子在求知的道路上刚刚起步，成人却如此赤裸地引导孩子追逐分数，并用分数给孩子划分优劣和等级，让孩子用分数评判自己、衡量自己和鉴定自己,让孩子从6岁起就承受分数带来的压力、焦虑和紧张,我们又怎能期望孩子有旺盛的求知欲、健康的心理和积极的生活态度?

给孩子提出分数要求,甚至是高分标准,会让孩子背负沉重的精神负担,孩子感受不到求知的轻松和快乐,并且在孩子没有达到我们的要求和标准时,我们还用强迫、打击、批评、否定甚至羞辱的方式"刺激"和"勉励"他们,这会使孩子郁闷沮丧,会让孩子丧失自尊和自信,甚至还促成孩子不良心理的养成:自卑、嫉妒、消极、沉沦等等。

想起菲儿所处的教育环境,我不禁为我们的孩子,为我们的教育担忧。

目前,我们很多成人仍不加思索的把教育理解为"考试"和"分数",并把孩子也引向这样的误区:学习就是考试和分数。我们的教育没有将人引向德、智、体全面发展,没有将人引向真善美的追求,却是将人"工具化"和"畸形化"。

不是吗?孩子从6岁起,就必须背负起"考"的烦恼和"分数"的压力。

每个学期围绕一本课本,孩子们要应付无数次考试,单元考、平时考、月考、期中考、期末考、模拟考,而这些考试不外乎是对一本或几本课本知识的重复训练,考试内容狭窄不说,往往很多时候,考试方式和考试题型机械呆板,完全不具有科学合理性,事实上,这样的"考试"和"分数"难以真正体现人的学识、人品和能力,难以作为评判人的科学依据。

然而，考完之后，老师却用这种不科学的考试和考分衡量孩子，评定孩子，为孩子鉴定等级，为孩子划分优良标准，将孩子定为三六九等，根据分数给予孩子表扬或羞辱。

在学校，老师爱公开孩子们的考分，宣读孩子们的考分，表扬和偏爱考分高的孩子，训斥和辱骂考分低的孩子，在教室里张贴“分数排名榜”，让每个人观看，却不管孩子的心理感受如何；在家里，父母爱打听班上谁考了最考分，自己孩子的排名第几，然后拿孩子与他人做比较，教导自己的孩子不能落后于他人，一定要去赶超别人，做“优秀人”，做“人上人”。

于是，学生学会了“考”，学会了“挣分数”，学会了“比分数”，但孩子却考没了健康，考没了求知欲，考没了优良的人格品质，考没了人生方向。

这样的教育善吗？

分数不应成为孩子求知大道上的“绊脚石”！

分数不应成为令孩子痛苦的可怕的“刑具”！

我们不应陷入为分数而教育的可怕误区，更不应把年幼的孩子也引向为分数而读书的可怕深渊。

野蛮的教育行为：罚抄！

下午菲儿早早回来了。可菲儿脸上忧虑的表情在告诉我：今天又有不快乐的事。

菲儿带着哭腔告诉我："妈妈，今天语文小测验了，因为粗心，看题快，阅读题漏做了一道题，老师很生气，骂我们影响了班级均分，所以老师罚我们漏做题的同学把这篇阅读短文抄20遍！妈妈，罚抄20遍，我该要抄写多少个字啊！我该怎么办啊？"

看着菲儿的考试卷，我心中默想：这篇小短文150字左右，罚抄20遍，这就意味着孩子在今晚要罚写3000个字！3000个字！让年幼的孩子机械地抄写！

我内心不由腾起一丝怒火，我告诉菲儿："菲儿，妈妈不赞成老师这样对待孩子。孩子学习出错很正常，人是在错误中成长的，大人应该用耐心和宽容之心帮助孩子纠错，不可急功近利，更不可用暴力惩罚的方式为孩子纠错。罚抄既是一种暴力体罚，更是一种精神羞辱！菲儿，孩子应当拒绝这样不健康的事情，应当拒绝罚抄！"

菲儿疑惑地看着我："妈妈，我真的可以不罚抄吗？老师不责备我吗?”

我向菲儿坚定地点点头，给菲儿勇气和胆量。

是的，在分数的驱使和诱惑下，有多少孩子只因没考到成人要的高分，就得罚抄整张整张的试卷；有多少孩子只因写错一个字，就得被罚写很多很多遍；有多少孩子算错一道题，就得被罚做很多很多题！

成人却全然不顾孩子的身心感受！

一次家长会上，我听见一位家长愁眉苦脸地向邻座诉说：“我的小孩真不知道是怎么回事？这次语文考试的字词还是有错误，我孩子不应该在字词上被扣分的，她应该全写对！要知道，在家里每次给她报听写，如果错了一个字，我就让她罚抄这个字整整100遍，看她下次还敢不敢错，这样做是让她长记性！但是，考试还是会写错，还是被扣分，基础知识还是拿不到满分！我真不知道该怎么办才好?”

很多老师都爱让学生罚抄，考试错一道题，把试卷抄一遍；错两道题，就把试卷抄两遍；错三道，就抄三遍，孩子抄到半夜十二点都抄不完！背书背不下来的就罚抄课文！……

我的心痛起来了，为什么我们不多一些温情和智慧?

这不是教育，这是一种苦刑，是不文明的暴力体罚和精神羞辱！可多少父母，多少老师从没有想过停止使用这种野蛮的罚抄行为，从没有考虑过停止这种粗暴的教育，甚至还把它视为教育法宝！

这是“教育”吗？这是“爱”吗？这是“负责”吗?

这种野蛮的“罚抄”貌似在帮助孩子纠错，提高孩子的学习能力。其实，它是一种奴性教育手段，是一种看不见的“暴力手段”，是在损害孩子的身心健康。

孩子的身体会受损

儿童连续抄写如此多的字，损害孩子的手指和眼睛，影响孩子的身体健康。并且，一个相同的字连续写上 3 个以上便毫无意义，大脑处于机械状态，字会越看越不像，更谈不上记住这个字了，这是在做无用功，不是真正帮助孩子纠错。

孩子的精神会受损

“罚抄”令孩子情绪沮丧，精神抑郁，孩子对学习会产生恐慌心理，害怕出错带来的惩罚，这会降低孩子的学习兴趣和求知欲望。此外，孩子和成人之间易产生敌对和叛逆情绪，令孩子无法接受成人有益的教导。

令人难过的是：很多父母竟也不明白“罚抄”是一种“恶”的教育，不明白“罚抄”对孩子的伤害。父母和老师结成“统一战线”、“统一联盟”。

其结果呢？

无知催生野蛮，无知催生恶果。

我们的孩子，一个个幼小可爱的生命必然会过早受损，甚至夭折。他们不懂文明和理性，他们会成长为又一代野蛮暴力的成人，并也会用这样的教育摧残他们的下一代。

“我要是再考不到100分，我就去死！”

下午3点，我来到菲儿的学校，等候菲儿的放学。

低年级的孩子陆陆续续走出校门，脸上洋溢着天真。

孩子们叽叽喳喳，原来今天又考试了，我听见孩子们正各自向父母汇报着考试分数，有的兴奋，因为考了高分；有的显得不开心，表情严肃，可能考得不理想；还有的低着头，情绪低落，可能是害怕挨批评……

我不由感叹，小小孩子，不过才六七岁，分数竟会让他们如此喜与悲。

“爸爸，我数学考了95分！”我耳旁传来一声清脆的童声。

顺着声音，我看到一个一年级模样的小男孩正朝着一位男子喊道，那位男子是他的爸爸。

听到儿子的分数汇报，爸爸笑了，但他们俩没有立刻回家，而是继续谈论这次考试。

“不错！儿子，你这次考得不错！”爸爸挺开心，爸爸又继续问道：“那你们班最高分是多少？有没有小孩考100分？”

男孩想了想，说道：“嗯，老师说这次考100分的挺多，有十几个小孩，因为卷子不难！”

爸爸开始皱眉，脸上的表情有些严肃：“卷子不难！那你怎么考不到100分？”

听到爸爸的问话，男孩怔住了，男孩很认真地告诉爸爸：“爸爸，每次考试我都很认真地做题，认真检查了，可我也不知道我为什么总考不到100分。”

男孩看起来很困惑。

爸爸的表情依然很严肃：“那别人怎么就考得到？你为什么就考不到？难道你比别人笨、比别人差吗？”

刹时，男孩的脸涨得通红，声音也高了起来：“我不笨！我不差！我会努力的！下次，我要是再考不到100分，我就去死！”

听到这话，爸爸怔了怔，但紧接着，爸爸舒展眉头，笑了，他把儿子亲热地搂在怀里：“儿子，不错，有志气！有你这句话，爸爸就放心了，你要向高分的同学看齐，才有出息！走，爸爸买根热狗给你吃！”

于是，爸爸牵着小男孩的手，两人高高兴兴走向附近的热狗店。

我的心却无法快乐。

孩子小小年纪，怎会发此“毒誓”：我要是再考不到100分，我就去死！而父亲对这样的“毒誓”却还加以肯定和奖赏！孩子会被引向何处？

其实，孩子不知何为“毒誓”，也不知“死”的意义。

孩子只是太希望被成人肯定、欣赏和喜欢！孩子害怕被成人讨厌、斥责和轻视！

从孩子上学的第一天，孩子就感受到了“分数决定一切”的生活法则。

当老师把考试成绩好的同学树立为榜样，给予他肯定、赞誉，对他宠爱有加，其他孩子是多么羡慕和渴望；当老师对考分低的孩子表示鄙夷、厌恶甚至用侮辱性的语言训斥辱骂时，这些孩子的内心是多么抑郁、苦闷和恐惧。

孩子小小的心灵便深深懂得分数的意义，懂得只有好成绩才能受宠，才有快乐，才有尊严，才是生活的全部意义；只有好成绩才能保障自己的安全，维护自己的人格，使自己处于不被孤立、不被鄙视的境地，只有好成绩才能让老师不发怒。于是，小小的孩子便学会以分数为奋斗目标，自觉自愿成为追逐分数的“苦行僧”。

当父母对分数也是如此着迷，也以分数的高低评定孩子，纯真的孩子便在父爱母爱的驱使和诱惑下，自觉自愿背负起为分数而学的使命。

2014 年 2 月 26 日，黑龙江双城市男孩同同是一名二年级小学生，在上学期的期末考试中，有一科只得了 99 分，与每次都得 100 分相比，同同感觉这次考试实在不理想。作为对自己没考到高分的惩罚，他在寒假期间在自己的腹部扎入 4 根缝衣针。

所幸被父母及时发现，同同被送到医院救治才没有酿成悲剧。[1]

孩子有如此不健康的“自虐”行为，我们不心疼、不担忧吗？

我们给了孩子一种病态的教育。

孩子柔弱，孩子挡不住这“病态教育”对他们的侵袭和损害，于是，孩子慢慢沾染上种种不健康的行为和习惯，他们惊恐、苦闷、抑郁、焦虑、沮丧进而自责、自卑、自虐甚至自暴自弃，并产生厌世情绪。

请停止这病态的分数教育，让孩子重获健康。

---

① 根据中国新闻网报道整理。

“妈妈，‘饭桶’是什么意思？”

下午3点，我接菲儿放学，给了菲儿一个大大的拥抱和亲吻，然后我们俩一起有说有笑地走路回家。

一路上，我们快活地聊着天。我发现，给孩子自由平等的说话氛围，孩子是很乐于向成人表达和倾诉的。并且，我还发现，与孩子交谈是一种精神之爱，能给予孩子安全感。

像平时一样，菲儿急切地向我讲述学校的所见所闻。聊着聊着，菲儿似想起了什么：“妈妈，我有个问题要问你！”

我很感兴趣：“好哇！菲儿，什么问题？”

“妈妈，你告诉我，‘饭桶’是什么意思？”菲儿表情很疑惑。

我心里一怔，有点惊讶：“菲儿，你从哪儿听来的‘饭桶’？”

菲儿看着我，说：“今天在课堂上，我们老师说的，她说王治浩、章可可、胡文朋三个同学是‘饭桶’！”

“哦？老师为什么这么说他们？”我心里纳闷。

菲儿讲了起来：“今天语文考试了，他们三个考得不好，只有70多分，老师很生气，当着全班人面前，大吼，‘王治浩、章可可、胡文朋，你们三个给我站起来！看看你们，考了多少分！70

多分！这些题目我们不知复习了多少遍，写了多少遍，你们三个还考 70 多分！你们三个简直就是‘饭桶’！今天你们就给我站着上课，站一节课！’”

面对菲儿的疑问，我不想对菲儿隐瞒。

我告诉菲儿：“‘饭桶’就是‘傻瓜、笨蛋’的意思。不过，妈妈认为，这三个同学肯定不是傻瓜，而是老师的看法有问题。老师不可以用不文明的词骂小孩，‘饭桶’是不文明的词语，会伤孩子的心！”

菲儿叫道：“我觉得他们一点儿也不笨！特别是胡文朋，他是我们班的修铅笔盒高手。还有王治浩，他很会画画，章可可很会做手工，我们班很多同学都跟他们学。我觉得他们很聪明啊！只不过他们考试的分数不高，但为什么老师会把考试分数不高的小孩叫‘傻瓜’、‘笨蛋’呢？”

“其实每个孩子智力是差不多的。没有谁是天才，也没有谁是笨蛋，只不过每个小孩的特长和喜好不一样罢了，”我向菲儿耐心地解释道。但同时我陷入深思，如果大人用一件事或一个标准衡量孩子，比如用考试分数衡量孩子是否聪明，当孩子没考到他们所期望的分数时，他们怒骂孩子是“饭桶”，这就更不明智！孩子一旦被骂习惯了，他们真的会认定自己是傻蛋，慢慢地，他们做什么都没有信心，当然做什么都做不好，也许还真的会变傻。

我们的很多痛苦、纷争正是源于成人世界“以名利论成功”这个单一的价值标准。当我们成人用“饭桶”、“笨蛋”、“蠢猪”、

“白痴”、“草包”等羞辱性的词语训斥孩子时，孩子的世界不再积极和光明，他们将陷入自卑与黑暗，他们将悲观与消沉，他们将自我否定。

成人对孩子说的话就像刀刻在大理石上的字一样，会深深烙印在孩子的头脑里，并伴随他们终身！孩子不应听到“饭桶”、“傻瓜”、“蠢猪”、“白痴”、“草包”这些伤害他们心灵的语言，孩子需要爱与尊重的语言，需要爱与尊重的生活氛围。

七　陪伴孩子阅读

“读课本”是在读书吗?

中国千年的科举考试,“学而优则仕”的读书观念使中国人读书具有极强的功利性,读书是为做官,为求功名利禄。于是,中国人的读书陷入功利和僵化状态,读书求知陷入乏味、枯燥和狭隘。

鲁迅先生的小说《孔乙己》便真实描述了科举制度、僵化读书对人的残害。

令人遗憾的是,如今的中国,这般功利僵化的读书文化依然如此。

现时代的教育和过去的科举读书如出一辙。

过去为做官,现在为考大学;过去读几部为考试而设的“儒学经典”,现在读几本为考试而定的“教科书”;一样的“考试教育”,一样的“课本教育”,读书的范围围绕考试科目而转!于是,孩子的大脑被深深束缚和禁锢住,孩子的读书兴趣被慢慢蚕食,孩子的求知欲望渐渐丧失。

我不知道这样的课本教育、这样的僵化教育要持续多久,但是,现阶段中国孩子所处的教育环境真的令人担忧。

当大洋彼岸的美国孩子在一个轻松快乐、鼓励阅读、不受课本束缚的环境下激发自己的求知潜能，发展自己的个人才能时，我们的孩子却是如何呢？

我们的孩子自6岁起，在长达12年的读书生涯中，却是被成人用“课本教育”和“分数标准”牢牢困住，甚至，孩子在进入大学之后，依然还是在接受呆板僵化的“课本教育”和“课本灌输”，依然继续被强迫、被规定、被安排读书。

“读课本”是在读书吗？“课本教育”和“课本灌输”是好的教育吗？

1929年，美学大师朱光潜先生曾这样劝诫青年朋友如何读书：

> “朋友，中学课程很多，你自然没有许多时间去读课外书。但是你试扪心自问：你每天真抽不出一点钟或半点钟的工夫么？如果你每天能抽出半点钟，你每天至少可以读三四页，每月可以读一百页，到了一年也就可以读四五本书了。何况你在假期中每天断不会只读三四页呢？你能否在课外读书，不是你有没有时间的问题，是你有没有决心的问题。
>
> 你也许说，你在学校里终日念讲义看课本不就是读书吗？
>
> 讲义课本着意在平均发展基本知识，固亦不可不读。但是你如果以为念讲义读课本，便尽读书之能事，就是大错

特错。第一,学校功课门类虽多,但范围究极窄狭。你的天赋也许与学校所有功课都不相近,自己在课外研究,去发现自己性之所近的学问。再比方你对于某种功课不感兴趣,这也许并非由于性不相近,只是规定的课本不合你的口味。你如果能自己在课外发现好书籍,你对于那种功课的兴趣也许就因此浓厚起来了。第二,念讲义读课本,免不了若干拘束,想借此培养兴趣,颇是难事。比方有一本小说,平时自由拿来消遣,觉得多么有趣,一旦把它拿来当课本读,用预备考试的方法去读,便不免索然无味了。

兴趣要逍遥自在地不受拘束地发展,所以为培养读书兴趣起见,应该从读课外书入手。”

我赞同朱光潜先生关于读书的观点:读书不应局限读“课本”,不应局限“考试”和“分数”,读书应当自主、自由、广学、博学。如此,读书人才能感受到读书的快乐,继而才能培养起读书的兴趣和习惯,个人的禀赋才得以释放。

美国思想家梭罗在《瓦尔登湖》中这样谈读书:

我认为人在学会了识字之后,就应当去广泛阅读最优秀的文学作品,而不是永远重复一些最基本的东西,花大量的时间认字、写字,或者反复读一本或几本简易的教科书。枯燥、狭隘的读书会将人的智力磨损并让人的读书兴趣丧失掉。

孩子爱读书的天性被扼杀！

一个人有阅读的习惯，他便可能接近智慧。

一个民族有阅读的习惯，它便是一个自信、充满希望的民族。

中国的父母很爱孩子，他们希望孩子爱读书，爱智慧，拥有幸福的人生。但我却常常听见很多父母抱怨："我的孩子一点也不爱读书，不好学，这真让我烦恼！"

然而，美国儿童的读书状态如何呢？

> 美国伊利诺大学阅读研究中心主任理查德·安德森教授主要从事儿童研究，他曾深入研究了中国儿童的课外读物并与美国儿童的阅读做了比较，得出如下结论：一个中国普通家庭和一个美国普通家庭为孩子提供阅读材料的经济能力大体相当，但是美国儿童的阅读量却是中国儿童的六倍。（引自《用尊重成就孩子的一生》）

为什么很多中国父母抱怨"孩子不爱读书、孩子不好学？"

为什么美国儿童阅读量是中国儿童阅读量的六倍?

作为一个成年人,我想诚实地说:不是孩子的错,不是孩子不爱读书,不好学!而是我们成人没有培养孩子阅读的习惯,没有给孩子良好的阅读环境。

很多成人非但没有为孩子创造良好的阅读环境,培养孩子爱阅读的习惯,相反,还采取种种手段为孩子的阅读制造障碍,阻挠和扼制孩子阅读。

不良的教育将中国孩子爱读书的天性扼杀!

首先,看看中国孩子的家庭阅读环境:

父母是孩子的启蒙老师,良好的阅读习惯应从家庭开始,但中国很多父母不懂也未肩负起这个责任。

> 如美国伊利诺大学安德森教授所说,"中国孩子阅读量比美国孩子少,其中有一个原因是,中国父母陪孩子的读书时间比美国父母少。很多美国父母在孩子很小的时候,就会每天抽时间给孩子读书,直至孩子上学了,依然会保持每晚睡觉前给孩子读书的习惯。而中国父母在孩子小的时候更多的是花时间在教孩子认字上,而不是读书。在孩子上学后,很多中国父母肯花时间陪孩子写作业,却不肯花时间和孩子一起阅读,这其实是本末倒置了。"

中国父母很爱孩子。但对于学龄前的儿童,他们常把注意力放在孩子吃饱穿暖、身体健康上，甚至花费大量的时间和精力为孩子做美食，研究“营养食谱”，却不懂让孩子早些接触书这样的“精神食粮”，不懂用阅读激发孩子的好奇心和求知欲望。在孩子上学之后，很多父母很重视孩子的学习，但他们却把时间、精力花在督促孩子的作业、考试、考分上，不惜省吃俭用，投入财力和物力，将孩子送入各类“文化培训班”或“才艺培训班”，为孩子安排种种他们认为有用的学习任务，渴望孩子达到他们的预期目标。

这样的父母很忙，很累，但我认为这不是真正的尽责！这样的忙累难以收获好的效果，孩子在这样的“应试教育”、“功利读书”中会丧失学习的兴趣和能力。

中国还有很多父母，认为有钱便很安全、很可靠，所以忙于拼命挣钱或做大自己的事业，把孩子扔给老师和学校，期望老师和学校解决孩子的教育问题；有的父母更像是没有长大的“大小孩”，他们只生育孩子，却不承担起养育的责任，他们图自己轻松省事，或忙于自己的吃喝、玩乐、打牌和麻将，将孩子“隔代抚养”，给家中的老人托管或寄养在亲戚家里，这样孩子在婴幼儿期甚至少年期基本处于被忽略状态，他们的父母无从知晓孩子的精神世界，更不用说养成孩子良好的人生习惯。

中国很多父母没有熏陶孩子良好的读书习惯，培养孩子的好学精神，却在孩子上学之后，问孩子要高分，要优秀，希望孩子爱上读书，爱上求知，对孩子而言，这样的要求多么为难和苛刻，这样的父母多么无知、自私和霸道！

现时代,我依然看不到中国国民有良好的阅读习惯,当我走进很多普通家庭,我看见装修华丽的家居,价格不菲的家具电器,但是却看不到几本书。

我疑惑:中国人不买书吗?中国人没有阅读的习惯吗?中国人不需要精神生活吗?这样的家庭氛围,孩子能有阅读的爱好?能有求知的欲望?

其次,看看中国孩子所处的学校环境。

1943年,朱光潜先生曾这样评价中国的学校教育:

> 学校教育,在我想,只有两个重要的功能:第一是启发兴趣,其次就是指点门径。现在,一般学校不在这两方面努力,只尽量灌输死板的知识。这种教育对于学问不仅无裨益而且是障碍!

70年后的今天,我们的学校教育又如何呢?

我们是在灌输知识还是在启发兴趣?我们的学校有没有为孩子提供良好的阅读环境?有没有尊重孩子爱阅读的天性?有没有培养孩子的阅读习惯?

令人遗憾的是:孩子爱阅读的天性遭到成人的阻挠和扼制!

当前,成人用课本、作业、考试将孩子困住,不给孩子阅读的时间和精力。面对渴望阅读的孩子,有的成人似乎很通情达理,不正面阻挠，但对孩子提出这样的要求："看课外书看闲书可以，但前提是做好'正事'！作业要认真完成，考试要考好！"还有的成人用课外书做诱饵引诱孩子，"你认真写完作业，考试考得好！我就奖励你看课外书"！这样的要求看起来正当合理，成人似乎没有剥夺孩子阅读的权利和自由，但仔细想想，给孩子繁多作业和提出高分要求，孩子有阅读的可能吗？孩子有阅读的时间和体力吗？孩子有阅读的胆量和心情吗？

于是，很多孩子不敢阅读也放弃了阅读，小小孩子便获得这样的认识：读"闲书"不正经，读"课本"才是认真学习，考高分才是最正经、最重要的事。

面对渴望阅读的孩子，有些成人苦口婆心，用爱软化和教导孩子，阻止孩子的阅读："孩子，你要相信我们，我们大人都是因为爱你，为你好，希望你将来有饭吃！听我们的话，现在别看课外书，考试又不考课外书的内容！把所有的时间和精力花在课本上，多做考试题，等进了大学，你就自由了，你想看什么就看什么，没人再管你了！"

可是，不明是非的成人，你们是否知道？种子一旦错过发芽的季节，还能成长为一棵参天大树？孩子一旦错过培养阅读习惯的季节，没能养成阅读的习惯，成年后的他们还会是一个爱阅读、爱求知的人？多少孩子还没跨入大学就已完全丧失阅读兴趣！

有些成人"鼓励"孩子阅读，但我认为他们不是引领孩子真正阅读，却是很功利地为考试、分数、升学服务。他们要求孩子阅读《语文阅读天天练》《语文阅读技巧指南》《语文作文范文欣赏》等诸如此类的学习参考书，要求孩子完成书中的阅读题或背下书中的范文，以期望提高孩子的阅读能力，增强孩子的应试能力。

这样的“阅读”是阅读吗？这样的“阅读”会让孩子爱上阅读吗？

这样的“阅读”事实上是一种变相的课本作业，是在败坏孩子的读书兴趣，书不应有“课内”和“课外”、“重要”和“不重要”、“考试”和“非考试”这些愚蠢的划分，读书人应处于一种自由广泛的阅读状态，阅读一切他感兴趣的书，思索一切他感兴趣的问题。

面对渴望阅读的孩子，还有些成人会用权威、野蛮、暴力的方式扼制和剥夺孩子的阅读权利，扼杀孩子的阅读天性。

当前，很多学校不愿意花钱为学生提供藏书丰富的图书馆和阅览室，让孩子畅游在书海中。为禁止孩子的课外阅读，很多学校却是花巨资在教室里安装高清晰摄像头监控学生的读书状态。《读者》《意林》《青年文摘》等杂志、经典的文学名著、人物传记、科幻和侦探小说等等都成了“禁书”。老师的理由是：为孩子负责，考大学不考这些，读这些书是在浪费时间。甚至，担心孩子放学回家阅读与课本无关的书，“负责任”的老师便采取这样的措施：延长孩子的在校时间，要求孩子寒暑假集体补课、双休日补课、集体早自习晚自习，这样，孩子在校时间从早上7点要持续到晚上10点，甚至更晚，这意味着孩子已完完全全生活在成人的“监督”和“管制”下，毫无自主、自由、闲暇而言！

学校除了用机器监控学生以外，还动用人力监控学生。

“负责任”的老师会偷偷躲在教室附近观察学生的上课情况，逮住不听课、读课外书的孩子，然后对他批评、惩罚以警示班上其他的孩子。但由于时间和精力有限，老师无法做到时时刻刻监督学生，很多老师会委派班干部监督学生，由班干部向他汇报“不守规矩、读闲书”的学生，然后再由老师来惩罚。

这样，由机器和人力形成的这套严密的“监控系统”和“惩罚教育”将孩子牢牢控制在“课本教育”当中，我们的孩子若再要想去争取阅读的权利，几无可能。

国人何时能摆脱这般不阅读、不思考的“混沌”状态？

如何培养孩子爱读书？

每天晚饭前，菲儿要尽情地玩耍，享受自由和闲暇带给她的快乐。

晚饭过后，菲儿还要继续玩，只不过玩的方式和饭前不一样，那就是“玩”书。

菲儿爱看故事书，知道书中藏有很多快乐和神奇。

待我们收拾停顿，菲儿会迫不及待地从书柜中找到她想看的书，然后一定吵着我们为她朗读。有时候，我佯装很累，不想给她念故事书，菲儿就可怜兮兮地央求我，一副不达目的不罢休的样子。菲儿曾向我们宣誓：不听故事就睡不着觉，不听故事晚上会过得不快乐。

在一旁的外婆看菲儿如此爱看书，很是疑惑，问道：“菲儿，不爱写作业、不爱上学的你竟然会喜欢看书，你是不是装模作样，假装爱读书，讨你的爸爸妈妈喜欢？”

外婆的话让菲儿很委屈，我听见菲儿认真地解释：“外婆，学校那些作业可真的没意思，一点儿也不好玩，老师让我们天天读课本也不好玩，我们都读腻了！但是这些书里却有很多很好玩的故事，不信，我借给你看看，保准你一看也会着迷！我就是这样的，我喜欢看不同的书，看不同的故事……”

童言无欺，菲儿，你很真实，我能理解你的快乐，你对书的热爱和喜欢。

关于读书，很多成人有这样的一种观点：

孩子爱读书要靠天分，或者要有先天的遗传基因。孩子书读得怎样，得靠孩子自己，大人帮不上忙，大人能做的似乎就是多挣钱，为孩子选择好的学校，为孩子提供好的物质条件。甚至很多成人用“师傅引进门，修行靠个人”来安慰自己：我把你送进学校去了，书读得好不好，不是父母的事，而是你自己的造化。

这句古语固然说得不错，但请问成人是否理解“门”的意思？

这扇“门”并非指送孩子跨进学校大门，让孩子接受教育这个事实，而是指孩子爱阅读的习惯有没有培养起来，孩子的求知欲有没有被激发。

“门”指的是“爱智之门”，成人有没有为孩子开启爱智之门？

人虽具备求知的大脑，但知识不会从天而降，阅读的习惯不会自动形成。成人需要开启、培养和熏陶孩子爱智的能力，帮助孩子建立与书的感情，养成和孩子共同阅读的习惯，让阅读成为孩子生活中离不开的精神食粮。孩子爱书的兴趣之门一旦被打开，则会主动爱上阅读，甚至能把这种好习惯保持终身。

成人对孩子的教育若违逆人的求知特点，孩子的爱智之门可能会永远紧闭。正如一粒未发芽的种子一样，种子永远只是种子，无法开花结果。

很多人在成年后不爱读书，没有阅读的习惯，是因为他的这扇快乐的读书之门未能被开启。当然，很多成人也读书，读过不少书，但更多的是“假读书，读假书”，他们为考试、饭碗、名利、金钱、地位、虚荣的目的读书，读书成了一种被动、不快乐的负担和任务。这样的读书难以让人体会到阅读的快乐和满足。

爱读书不是先天的遗传基因导致，也不是大脑物质结构特殊，而是后天教育的良性诱导罢了。

从菲儿呀呀学语起，我们就带她步入书的世界，给她阅读书中有趣的故事，让她感受到了书的乐趣。

我们对她的吃、穿、住、行从不刻意讲究，简单健康即可，但我们却不忽略她的精神需求和培养她对阅读求知的热爱。

我们最爱给她买的东西就是书了，为她准备的藏书永远都嫌不够，因为这个世界知识太丰富，而人知道的却太少。

我们每天要与她共同阅读一小时，与她分享阅读的感受。

这几年，我们共同阅读了好多好多书。

一本本有趣的书刺激着菲儿的大脑，她爱提问题，爱问为什么，阅读激发了她的思考和质疑能力；阅读增长菲儿的见识，她感受到这个世界的丰富性，她对万事万物的好奇心与日俱增；阅读使她的口头表达能力日渐增强，她对人和物的是非辨别能力也在增强；甚至她的良好行为习惯的养成，都是因为书的熏陶和影响。

我们要为孩子打开爱书的大门，这是我们给孩子最理智的爱。

阅读是一件令人愉悦、智慧、高尚的事情。

阅读使人摆脱愚昧和无知,在智力上获得长进;阅读丰富人的情感,是道德修养的好途径;阅读还是一项健康的娱乐,令人精神愉悦,使人远离不健康的娱乐。

如何培养孩子爱读书?

人天性有阅读的潜质,但阅读兴趣和阅读习惯却需要后天培养,需要及早养成。

首先,阅读应从家庭开始。

旅美作家蔡真妮这样谈孩子阅读习惯的培养:

> 孩子两三岁的时候,我建议,每天父母都要抽出一定的时间和孩子一起读书,最好的时间是在睡觉前,这样容易养成习惯。让孩子选择他喜欢的书来读,这么大的孩子已经有自己的喜好了,可能喜欢某本书的故事,或者喜欢某本书的封面,喜欢里面的哪个人物,这些都会成为他喜欢读书的契机。不要强迫孩子读大人给选的卡片或看图识字,读书的目的不是为了认字,而是为了让孩子进入书的世界,认字只是副产品。
>
> 孩子到了四五岁时,这个时候孩子的语言表达能力、想象力和理解力都有提高,可以带他到书店或者图书馆让他自己选择喜欢的书。父母和他一边读书,一边可以讨论一些问题,比如如果书里的人物换成是他,他会怎么做?故事

是否合理？还可以让孩子自己想象出另外几种结局来。不管孩子编排的结局如何不通情理，都不要去否定他，引导他把问题考虑得更周全，以锻炼孩子的想象力和逻辑思维能力。

六岁以后，孩子开始上学认字，这是开始大量泛读的年纪。要借大量的书给孩子，让孩子自己选择，喜欢就看，不喜欢就不看，囫囵吞枣地看。通过大量泛读，他的识字能力、理解能力和想象能力都会急剧地提高。

这个阶段父母每天晚上依然要和孩子一起读一会儿书，聊聊天。这时，孩子面对的世界比以前复杂了，会有很多想法和困惑，家长和孩子在睡前很放松地聊一聊，可以了解孩子的思想以及他所遇到的问题，给孩子一些建议，这是建立密切的亲子关系最好的时机。

亲子阅读是培养孩子阅读兴趣的一个很有效的手段。此外，家长还须注意：

不要功利读书。也就是说，家长不要在看什么书上限制孩子，孔子说过："知之者不如好之者，好之者不如乐之者。"兴趣是最好的老师。孩子爱看的书就是最适合他的书，无论是武侠、侦探、科幻、历史、天文、地理——只要不是黄色、暴力读物，家长就不要去干涉限制。

发现孩子喜欢某一个作者的书，就去把该作者所有的作品都找来看，这一招对于诱导孩子阅读很有效。

同时，父母自己也要多注意图书信息，经常推荐一些优秀读物给孩子看。我推荐的书，有时孩子不感兴趣，嗤之以鼻，我就坐在一旁自己看，看到好玩的地方，马上讲给他听或指给他看，最后他终于会忍不住跳起来把书夺过去自己去看了。

家长还要多给孩子买书，买书是最好的教育投资，在我看来这比送孩子参加才艺班划算得多，给孩子养成读书习惯比让他们学才艺对他们的未来更有用。

父母还要在家中营造出读书的氛围，给孩子买个书架，专门放他的书，让孩子想看书的时候，就有书可看。

我赞同蔡真妮的观点，阅读是一种能给孩子带来精神乐趣的娱乐活动，同时也是孩子获取智慧、开阔视野的一种学习方法，阅读是人生最有价值的习惯。理性负责的父母应及早培养孩子的阅读兴趣，让孩子爱上阅读。

在菲儿成长的过程中，我深深体会到：孩子天性爱读书，天性有求知的渴望。每读完一本好看的书，菲儿就跑过来，津津有味地向我赞叹书的有趣："妈妈，我刚刚看过的那本书真是好看，好有意思！妈妈，书真的真的是很好玩、很有趣的东西！我喜欢书，我爱看书！"

是的，假若我们成人从小引领孩子步入书的世界，给孩子广泛的阅读空间和阅读自由，不用"课本"、"作业"、"考试"、"分数"套牢孩子，不限制不规定孩子的读书范围，不出几年便可熏陶出孩子爱读书的气质和能力。

其次，孩子爱读书还需要良好的学校教育。

《美国小学是这样教孩子的》介绍了美国小学如何注重培养孩子爱阅读的教育理念。作者江秀雪深深感受到，良好的学校教育对孩子阅读兴趣的培养有着很重要的作用。

江秀雪在书中介绍到：

> 牵牵的学校是这样鼓励孩子多阅读的：
>
> 第一，奖励。
>
> 每天，学校让学生做完固定的要求以后，可以去看故事书，然后在计算机上考试。每本书价值不同的点数，自己考过了，自己在学校发的记录上写上书名和点数，积满三十点，就可以换一本新书带回家；满六十点换一本厚一点的百科全书之类的书；满九十点可以去低班教室讲故事给学弟学妹听。
>
> 这样的奖励，是为提高孩子读书的积极性。
>
> 第二，读书会。
>
> 学校课后社团里，有个读书会，会邀请三、四、五年级的学生参加。老师选定每月读书会讨论的书，参加读书会的学生，每月一次在放学后留下来讨论。书得自己买，讨论当天需要提出新的报告、最喜欢的片段和图片，有没有读完都没关系，只是鼓励多读好书、多读不同种类的书。
>
> 这样的读书活动，也是在熏陶和培养孩子们的阅读兴趣。

第三，流动图书馆。

图书馆是一辆大约中型巴士的车，一上车，司机兼图书馆员可以帮你还书或申请借书证，走道两旁全是书，没有窗户，为了方便老人阅读，还有放大字体的书和有声书。巴士尽头有另一张桌子，坐着另一位图书馆员帮你借书，如果有特别想要的书，还可以跟馆员说，他们下次可以帮你从总馆带来。

流动图书馆也去学校，所以大家都认识我的女儿牵牵和珣珣，每次都会送她们着色纸带回家，好些邻居也能在此认识，短短十五分钟的时间，让邻居们互相打声招呼。

第四，阅读的探险活动。

图书馆暑假为了让孩子持续阅读，会有阅读探险活动，每年不同。今年是一张介绍美国各州特色的地图，让孩子边学地理，边选不同类型的书来读，每周完成要求由家长签名后，可以到总图书馆或流动图书馆换奖品，商家也会赞助礼券送给孩子，反正就是读读读，开卷有益。

对于还不到学龄的小小孩，也有各种听故事、唱游的活动，每周在图书馆举办，让民众免费参加。带孩子出游，不见得非得是游乐场，图书馆也是个不错的地点。

总之，书是静的，需要让它们走出来，走到孩子面前，才能帮助孩子打开一个无止境学习的世界。

的确，好的学校教育可以激发、培养和熏陶孩子爱阅读的习惯,将孩子引向主动读书的爱智状态,为孩子的求知奠定良好的基础。美国孩子的学校阅读环境令人羡慕。应该说,每个孩子天性都很好奇、都有求知欲、都爱读书,都可以成长为文明、理性、智慧的人,但这一切的实现却需要成人给予孩子良好的家庭教育和学校教育。

成人天然担负教育孩子的责任和义务,但给予孩子什么样的教育,却在考验成人的智慧。

八 还孩子一个纯净的心灵世界

班上兴起了“告状风”！

菲儿告诉我：

今天，老师在班上宣布，为了帮助全班孩子养成良好的学习习惯和行为习惯，老师决定在班上设立“红花榜”，评选“红花之星”。

老师在教室里贴上一张很大的白纸，白纸上写上全班同学的名字。老师说，她会在表现好的同学后面贴小红花，在表现差的同学后面打“×”，老师希望孩子们表现好，多得小红花，争做“红花之星”。

获得“小红花”的标准是：

第一，“上课认真听讲，认真完成作业”可以获得一朵小红花。

第二，考试95分获得一朵小红花，98分获得两朵小红花，100分得三朵小红花。

第三，发现班上同学违反纪律或有不良的行为习惯，如上课讲话、乱扔垃圾、吃零食、骂人、打架、不诚信、不爱护公物等等，告诉老师可以获得一朵小红花。

看着墙上张贴的“红花榜”，每个孩子感到既欣喜又害怕！

孩子们都渴望获得“小红花”，渴望“小红花”给自己带来荣誉和表扬，但也害怕自己表现不好，得不到荣誉和表扬，受别人的讥笑和冷落！

所以，全班同学都很努力按老师的要求做，希望能获得很多小红花。

但，很快大家发现：老师的小红花并不好得！前两条标准：“上课认真听讲，认真完成作业！”和“考试考高分！”对孩子来说，真是太难了！课堂的枯燥、乏味、沉闷、严肃，很难让孩子保持长久的注意力，很多孩子做不到认真听课。而“考高分”也很难，虽然每天做很多重复的习题，但考98分以上的同学只是极少数，100分的更是寥寥无几！于是，大家对高分也不再期盼和渴望了！

两周过去了，墙上的“红花榜”基本还是空白一片，只有几个同学在考试中得到了高分，获得老师奖励的几朵小红花。老师在班上总表扬他们，把他们称做“模范”、“标兵”和“榜样”，号召其他孩子向他们看齐，做一个学习好、表现好的孩子！

于是，大家都在琢磨着：怎样才能获得“小红花”呢？

终于，大家发现有一条捷径，那就是老师制定的第三条标准容易做到：发现或去侦探其他同学的不良行为，或者说“去找别人的错误”，然后向老师告状，获得小红花！

于是，在“红花榜”张贴了两周后，班上兴起了热闹的“告状风”！

张文杰告李玉丽往地上扔纸团，刘小强告袁诗诗下课吃零食，张晓琪告程峰乱拿老师的粉笔写字，刘明浩告王志鹏早读课讲话，张霞告张羽琦骂人，王强告赵宇新数学课玩玩具，赵志强告刘浩打人，王芳告李霞没带语文课本，陈晨告张文下课到操场上玩……

当然，老师也真的兑现了她的承诺，给告状属实的孩子小红花以资鼓励。

告状得来的小红花刺激着全班同学，班上的"告状风"愈演愈烈！而墙上的"小红花"也渐渐多了起来！

每个孩子都很关注自己的"红花数"！每个孩子都在努力挣"小红花"！

班上兴起的"告状风"让老师很满意，在同学们"互相监督"、"互相检举"、"互相告发"下，教室干净了许多，老师定的规矩也遵守得很好，孩子们的不良行为也改正了很多！但渐渐地，这股"告状风"却使很多同学相互产生敌意，甚至还造成很多"冤假错案"。如：一个孩子在数学课上向另一个孩子借用橡皮，却被同学告"上课私下讲话"；有些孩子"无心"犯了一些小错却被冤枉成"故意"；甚至有些好朋友也因"相互告状"而反目为仇。

于是，每天一到学校，每个孩子都神经紧绷，一面盯着别人是否在干"坏事"，一旦发现就直奔老师的办公室去告状；另一方面又很小心自己的行为，生怕被别人抓住"错误"而被告上一状。现在，班上很多同学看别人的目光是谨慎、防备、不友好的。但老师却没能发现班上不友好的氛围，没能觉察到她所张贴的“红花榜”和她鼓励的“告状风”让孩子们沾染上自私、狭隘、报复、嫉妒、作假、说谎、诬陷等不好的品质。

只是，孩子们每天频繁的告状渐渐让老师生烦和讨厌，老师没有那么多时间和精力处理孩子们频繁的告状事件，老师不再给告状者兑现小红花了，有时根本就不予理会。最后，想挣“小红花”的孩子还琢磨出：在老师心情好的时候，告状人能成功得到一朵小红花；老师要是心情不好，告状人不仅得不到小红花，而且还要和被告的同学一起挨老师骂！告状要选准时机，告状要察言观色！

孩子的“敏锐”、“聪明”、“细心”令人惊叹！

菲儿诉说的“红花榜”让我担忧。

“红花榜”的设置是不健康的教育行为。

成人评选“红花之星”、“班级之星”、“学校之星”，用荣誉的方式诱导孩子学习，孩子出于自尊和不甘落后，会去积极争取这种荣誉。慢慢地，这就使得孩子从本真非功利的学习做事转向渴望荣誉和追逐荣誉，学会用“荣誉”、“优秀”这些头衔来证明自己、肯定自己。荣誉带来的表扬、称赞和羡慕会让孩子变得自大自负，产生高于他人的优越感和荣耀感，并且，荣誉的竞争会令孩子心理焦虑和紧张。

荣誉还给孩子不健康的心理暗示：有些孩子天生就是能干的“好孩子”，可以成才；有些孩子天生是糟糕的孩子，难以成才。

此外，荣誉的评定标准不健康、不合理。当前应试教育下，枯燥的课堂和繁重的课本作业不利于孩子的健康成长。对孩子而言，“上课认真听讲，认真完成作业”是一种强迫性、不合理的规定。

“高分奖红花”令孩子有沉重的心理负担，孩子畏惧学习，并会成为死啃课本的考试机器。

“鼓励孩子告状”让孩子与孩子之间充满敌意和戒备心理，并促成了孩子不良品质和阴暗心理的养成：自私自利、打击报复、相互揭发、相互倾轧、嫉妒怨恨、陷害他人等。

但是为了荣誉，为了奖励，孩子会服从这些不健康不合理的规定，按这些规定行事，孩子不知不觉被这些规定套牢，渐渐地，孩子会视这些规定为正确合理。在这些不健康的规定中，孩子也就慢慢失去他们的求知热情和他们的美德。

成人设置“荣誉”、“奖励”、“评优”、“评星”是不理智的教育行为，成人用种种不健康、不人性的规定，鼓励和刺激孩子争荣誉、争奖励、争优、争星则更不明智了，会令孩子失去人性的善与幸福。

菲儿,谁偷去了你的同情心?

中午,门外传来菲儿欢快的声音:“妈妈,我回来了!”

见到我,菲儿兴奋地嚷道:“妈妈,告诉你一个好消息!今天我数学考了100分!老师在班上表扬了我们考100分的同学,今天我好开心啊!”

孩子极易受环境的感染和熏陶。

上学不过才两个来月的菲儿竟学会了关注分数!最近,分数决定和影响着菲儿的喜怒哀乐,分数成为菲儿学习生活的重心!

我不由思考:如何让菲儿摆脱对分数的向往、追逐和着迷?

看菲儿那么开心,我眼前浮现另一些苦恼的小脸,我担忧:“菲儿,老师表扬了你们考得好的同学,那老师有没有批评考得不好的小孩?”

“当然啦!老师每次都会在班上骂考得不好的小孩,今天又骂了几个,特别是刘文进,他考得最低,只有51分,老师讽刺他说,‘刘文进,你读什么鬼书,别人考100分,你才考51分,你根本不是读书的料,你干脆背书包回去算了!别在这里丢人现眼!'"

听菲儿复述老师的话,我心里不由难过:这些考分低的孩子,在需要理解、需要尊重、需要鼓励的时候,得到的却是有伤自尊的嘲讽!若是我的孩子,在一个群体当中遭受这样的嘲讽,我不心疼、不担心、不着急吗?孩子会以什么样的心情面对学习、面对生活、面对未来?

想到这,我决定和菲儿谈一谈。

"菲儿,我想和你聊聊,你看到其他小孩分数很低时,你心里难过吗?"我问她。

"难过?"菲儿重复我的话,菲儿想了想,随即摇摇头,很直率地说:"妈妈,我不难过!"

我诧异:"菲儿,你不难过?你自己考得那么好,别人考得差,还得挨老师打和骂,你不觉得他们的处境很可怜吗?你不同情他们吗?"

"可是,妈妈,你知道吗?在我们班上,老师是用分数看人的,考得好的小孩能得到老师的表扬,得到老师的喜欢;考得差就要被老师骂,被老师罚!我怕被老师骂,所以,每次考试的时候,我都希望考差的不是自己,有时我还巴不得别人比我考的差,这样,挨骂挨打的就轮不到我了!"菲儿对我很坦白。

我恍然大悟,原来是分数让菲儿没了同情心!害怕被公开羞辱让菲儿没了同情心!

可是,同情心远比分数重要!分数带来的快乐是暂时的,虚假的；而同情心才会给你真正永久的快乐！一个人如果丢失了同情心，也就丢失了快乐和幸福！没有同情心的人会很自私、冷漠，他们不爱别人，不关心别人，自然也得不到别人的爱与关心，这样的人很孤独，他们的生活缺乏爱，没有爱的生活会让人不快乐！

听了我的这一席话，菲儿看着我，但菲儿似乎还不太明白这些话的含义。

我知道，菲儿要明白这些话的含义，需要很长的时间，需要在生活中去感悟和体验。但现在我所能做的，应是保护好她本就有的善良之心和同情之心，让美德的种子在她心中生根发芽。

孩子原本善良、热情、天真、无邪，可何时自私、利己与冷漠悄悄占据他们的心呢？

我想，这便是我们教育者的失误了。

我们成人为孩子营造了一个没有尊严的世界。

老师对考分高的孩子宠爱有加，对考分低的孩子公开辱骂，歧视教育让年幼的孩子获得这样的认识：尊严来自分数，尊严来自成人的恩赐！

然而，谁不渴望尊严？谁不渴望被尊重？更何况无助、弱小、渴望关爱的孩子！

无视孩子尊严的歧视教育，孩子获得了什么呢？

邪恶逐渐靠近他们，自私与冷漠悄悄爬上他们的心间，代替他们原有的纯洁与善良，他们希望别人不如自己，希望别人比自己差，他们希望别人是“垫脚石”，是“替罪羊”，这样，他们的处境就会安全，他们就可以保住自己的尊严。

人性恶，往往是因为恶的环境和恶的规则制度。

在恶的教育环境中，孩子为求得自身的安全感和尊严感，无奈、被迫、不小心丢失了爱与同情心。

恶的教育催生孩子“恶”的心理，当孩子长大成人，他们的心变得坚硬而又冰冷，他们无视弱者的存在和痛苦，甚至以欺负和奴役弱者来保全自己的安全和尊严，这时我们成人却感到疑惑，并谴责他们：这些孩子怎如此冷漠？怎如此“恶”？

事实上，我们成人正是“恶”的播种者，孩子的“恶”正是由我们亲手栽培。

恶不是一朝一夕养成的，更不是先天就有。

成人，请别让孩子失去他们天使一般的心，请别把他们引入邪恶！

当孩子有了偏见和歧视

菲儿回来了，满脸兴奋。

菲儿放下书包，急切的在书包里寻找着什么。很快，见菲儿手里扬着一张试卷，开心地朝我喊道："妈妈，今天语文考试了，我考了100分，我厉不厉害？我棒不棒？"

"不过我们班的叶小海真糟糕！他只考了62分！他被老师骂哭了，老师骂他，下次还考这么差的话，就不要来上学了，简直是丢我老师的脸！我不愿教这么蠢笨的小孩！"菲儿说话的语气很严厉，她在模仿老师的语气。

"菲儿，老师不可以这样当众责备叶小海。我认识叶小海，我知道他的情况，他爸爸妈妈在外地打工，一年回来一次，他长期和爷爷奶奶生活在一起，爷爷奶奶年龄大，又不懂教育，很难帮助和指导他的学习。他学习不是很好是有原因的。"我说。

"那谁叫他脑袋生得那么笨！又不用心！谁叫他考得那么差！老师说了，考得差的就是笨，就是没用心读书！都怪叶小海自己！脑袋生得太笨！我觉得老师说得没错！"菲儿大声嚷道，菲儿认为她的老师没错，菲儿很信服她的老师。

菲儿责备叶小海的这番话让我震动,在老师的影响下,菲儿竟也对考得不好的孩子有偏见!

"老师还告诉我们,要跟成绩好的同学在一起玩,这样成绩才会越来越好!不要跟成绩差的同学玩,跟成绩差的同学玩是同流合污,会把我们带坏的!"菲儿说。

菲儿的诉说让我哑然:偏见和歧视真是一对孪生姐妹!

孩子才踏入学校门不久,知识没学到什么,却早早被教会偏见和歧视!这样的教育令人害怕,孩子会成为何样的人?

其实每个孩子的大脑智商、学习能力是差不多的。但为什么孩子之间会有区别呢?因为每个孩子的成长环境有区别,换句话说,家庭环境对孩子的成长有重要的影响!

在大家的眼里,品学兼优,聪明能干的孩子,那并不是因为他天资聪慧,与众不同,而是因为他的生长环境充满爱与智慧!

人格培养上,我们不使用旧有腐朽的方式,而是与孩子平等相处,我们尊重、理解、相信孩子,孩子就能渐渐养成良好的性格特征,活泼、开朗、大胆、坚强、独立、积极,善良,有同情心。这些性格让孩子精神愉悦,也让孩子聪慧!

学习求知上,我们不跟随大流,用高压手段逼迫孩子,这样会把他变成一个成天围绕课本、作业转的"考试机器",相反,我们尊重人的求知规律,我们勇敢地给孩子减负,清除无用的作业,不诱导孩子追逐分数,孩子才能轻松地畅游书海、接触广泛的知识、享受阅读的乐趣。正是这符合人性的教育才造就聪明和学习能力强的孩子！

此外，孩子的成长每天都是不一样的。孩子每天有不同的烦恼和困惑的问题，这需要我们大人关注和倾听，及时消除他们的困惑和烦恼。

菲儿，因为爱你，每天与你交谈、倾听你的诉说几乎成了我的必修课。你的心理健康、良好品质、积极快乐的情绪正是源于爸爸妈妈耐心的倾听与交谈，以及平时点滴的关注和培养。

如果菲儿的同学叶小海也是生活在这样的环境里，他的爸爸妈妈也是如此理性智慧地帮助他成长，他会是一个笨小孩、差小孩吗？反之，如果菲儿不幸跌入一个非人性、不健康的家庭环境，她还会是大家眼中聪明、阳光、快乐、健康的孩子吗？当大家用排斥、歧视、羞辱、不尊重的眼光看待时，她还有信心面对生活？有勇气面对人群？

叶小海以及和叶小海一般的孩子，他们的学习欠佳、行为不好、缺点多多，并不是他们自身原因造成的，而是他们身边的成人没能给他们一个智慧理性的生长环境！

他们是不幸的！

令人难过的是，当这些孩子进入学校这个集体，本来需要在集体中获得尊重、关爱、理解与宽容，但恰恰相反，他们却还遭到更多的打击、谩骂、羞辱、排斥、歧视甚至孤立！于是，这些孩子离健康、快乐、智慧、文明和幸福越来越远！有的陷入自卑，不愿进取，消极生活，听天由命；有的误入歧途，变成“小混混”，仇恨他人与社会,用野蛮和暴力对抗他人和社会,做出种种“恶”的行为!

菲儿,我亲爱的孩子,当你沐浴在幸福的春风、阳光、雨露中,当你享受着他人对你的喜爱、尊重和肯定时,请别忘了,那些处在苦闷、抑郁、黑暗中的孩子,多需要大家的关怀、理解、尊重和宽容!而不是讥笑、讽刺、鄙视和冷眼!

菲儿,希望你记住,人不可以对他人有偏见和歧视!因为,美德比分数重要!

谁教会了孩子“污言秽语”？

今天我来到菲儿的学校，目睹这样的一件事。

教室里，一位年轻的女老师满脸怒容，正在训斥学生。班上安静极了，几乎每个孩子都坐得笔直端正，眼睛惊恐地盯着老师。

老师的声音很严厉：“现在，你们每个同学捡干净自己脚下的垃圾，谁没捡干净，被我发现了，谁就罚扫一个星期的地！哼！看你们长不长记性！”

老师生气的语气让每个孩子都神情紧张，孩子们快速地低下头，找寻自己脚下的垃圾。

几分钟后，老师走下讲台，低头巡视地上的卫生。

突然，老师在一个孩子身边停住了，老师用脚从男孩的凳子后面勾出了一个小纸团，这个孩子刚才忙着检查自己脚底的卫生，没留意凳子后面的垃圾。现在，老师阴沉的脸更加生气了，她对着这个男孩大声怒吼：“你，瞎了眼啊！你有没有长眼睛？你的眼睛瞎了还是被狗吃了？这么大的纸团都不捡！你等着罚扫吧！”

被训的男孩吓住了，一副要哭的样子，但他的神情似乎无法博得老师的同情。

不一会儿，教室里又传出老师的吼声：“谁在小声讲话？谁让你们说话的？谁的嘴巴发痒了？谁又在犯贱？上课的‘规矩’又忘记了是吧？嘴巴发痒的人自己掌嘴，打嘴三下，你不打的话，等我过来掌你嘴，你就知道什么叫‘痛’了！”

于是，教室里顿时陷入一片安静。

不几时，下课铃响了，我的心松了一口气，孩子终于可以从老师的怒斥和恐怖气氛中解放出来。可下一次的恐怖又将会是怎样呢？

回家的路上，老师那严厉责备的声音“你，瞎了眼啊！”不断萦绕在我的脑间，我自问，我们怎可以用如此粗暴野蛮的语言对待年幼的孩子？

同时，我想起菲儿对我诉说的她的困惑：

一次课间，菲儿的同桌不小心被小刀划破了手指，菲儿赶紧报告老师，希望得到老师的帮助，可老师听说后却很生气地说：“她活该！她自找！手犯贱！谁叫她不听话，带小刀来上学！待会我还要臭骂她一顿！”

数学课上，大家正在做练习题，班上的一位小男孩为图方便，没有用橡皮而是用唾沫擦写错的字，被数学老师看见，老师生气地嘲讽他说：“你家很穷啊！是不是连橡皮擦都买不起！穷到要用唾沫擦本子！把本子弄得脏兮兮，我怎么批改！你没钱就别来上学了！”

语文课的时候，一个男孩没有认真听讲，而是低着头，专注地瞧着课桌底下，可能有什么好玩的东西在吸引他，语文老师发现了他的不认真，对他怒吼：“看！看！你看什么！不听课！桌子底下有‘金子’吗？有‘银子’吗？有‘宝贝’吗？你看得这么起劲！你简直就是‘猪头’一个！”

菲儿向我提出疑问：“妈妈，每个人的皮肤厚薄程度是不是不一样？”

我不明白菲儿的问题。菲儿告诉我：“我们老师说，有些同学的脸皮真厚！比墙壁还厚！因为太厚，所以才不知道羞耻！回去把脸皮刮薄再来学校上课！”我恍然大悟，原来老师又在怒骂孩子，可菲儿却听不懂，还真把它当问题来研究。

还有太多太多这样野蛮、粗鲁、不文明的语言每天从我们成人的嘴里随意蹦出，充斥着孩子们的耳朵：

“打铃了，你们还在玩！没听到铃声吗？你们是一群疯疯癫癫的‘疯子’？还是一群没长耳朵的‘聋子’？学校是读书的地方，不是玩的地方，你们那么喜欢玩，就不要来上学了，滚回家去玩！”

“你们爱打架是吗？好，你们打吧！打死就好！打死一个少一个！这样我更省心！可以少管几个！”

“你们真是一群蠢货！蠢驴！这样的题目我都讲了好多遍，考试还错？驴都比你们聪明！”

“给脸不要脸！你哪像个学生，简直就是一个不学好的‘二流子’、‘小混混’！你这么厚的脸皮，真像一个没爸妈管的野孩子，野孩子不用上学，最好去外面鬼混去！别站在这里丢我的脸！”

“你又在开小差，是吗？不愿听我的课，是吗？那你现在就给我滚出去！”

……

也常听见父母随意蹦出这样不智慧的语言：

“你看看你这是写的什么狗屁字！像‘鬼画符’一样！你能不能用心一点，仔细一点！你给我重写！写不好，就别吃饭！别睡觉了！”

“你是不是长着一副驴脑袋？这么蠢笨！看看你像谁啊？我怎么会生下你这么蠢笨的孩子！尽给我丢脸！”

“你这没用的东西，什么都不如别人！简直就像没人要的‘垃圾货’、‘次品货’！”

“你学习这么差，将来只配扫大街，当清洁工！丢人现眼！丢人要丢到家！”

“我每天这么辛苦工作，辛苦赚钱，不都是为你！你看你！每次都考这么一点点分，排名那么后，你怎么对得起我？亏你还有脸活在世上！”

……

我感慨：孩子的生活环境是多么的“脏”与“黑”啊！孩子能不被“染黑”和“弄脏”吗？

而慢慢地，当看到孩子口吐脏言，出口伤人时，很多成人却感到费解：孩子小小年纪就口吐脏言，一点都没教养，怎么就不学好？

对孩子而言，这多么委屈与不公！

孩子本如一张白纸飘落人间，他们本不懂污言秽语，不会出口成“脏”，谁教会的呢？

我们成人！

当我们成人用污言秽语对孩子狂轰滥炸，用污言秽语“教育”孩子，“爱”孩子时，我们认为合情合理。于是不久，孩子便成了最好的接受者、模仿者和实践者！孩子很快也开始用成人的这些污言秽语来发泄自己的不满，表达自己的心声！并且，我们常常可以看见，半大不小的孩子说着脏话却毫无羞愧之意！为什么？

因为我们成人就是这样！有谁见过哪个成人对孩子口吐污言秽语而有羞愧之心？有后悔之心？有抱歉之心？有反省之心？

成人有这样的强者思维：成人可以随意打骂孩子、羞辱孩子、体罚孩子，可以不尊重孩子，而面对成人的种种野蛮、不文明和不尊重，孩子却还必须服服帖帖、言听计从。这便是强者对弱者的逻辑，这样的教育理念，孩子怎可能懂得健康、文明、善良和理性？

请给孩子一个干净文明的视听环境！让孩子不再听到污言秽语，不再看到粗暴野蛮！

成人，别鼓励孩子去竞争！

晚饭的时候，菲儿闷闷不乐："爸爸妈妈，我有个烦恼，我不喜欢6班的小孩！我讨厌6班的小孩！"

我和菲儿爸都很诧异："为什么？菲儿，你可是5班的小孩啊！难道你认识6班的小孩吗？你和他们一起玩过吗？你们闹矛盾了吗？"

"不认识，没和他们玩过，也没闹过矛盾，6班是我们隔壁班的小孩。"菲儿朝我们摇摇头。

"不认识！没玩过！也没闹过矛盾！那你干吗讨厌他们班的小孩？"我和菲儿爸更奇怪了。

"我们老师今天很生气，训斥我们班最近的考试成绩总是不如6班的小孩，均分总比他们低！老师还说6班的小孩很棒！什么都比我们做的好！作业做得比我们认真、上课比我们安静、比我们听话、比我们乖，不像我们班，吵吵闹闹的，整天就想着玩！真不是好小孩！哼！我讨厌6班的小孩！为什么他们做得那么好？那么棒？那么乖？害的老师批评我们，不喜欢我们！"菲儿很不开心。

停顿了一下，菲儿告诉我们："老师还说，人活在世上，不如别人是件很羞羞脸的事情！老师希望我们好好努力，在各方面做好，争取超过他们 6 班，老师说我们从小应该树立和别人竞争的意识，这样才有动力，才能激励自己，使自己做得更好更棒！这样才不会给父母、给老师丢脸！这样的学生才是好学生！"

"菲儿，我认为老师让你们学习别人的长处是可以理解的，但鼓励你们与别人比高低，并且还想把别人比下去，这种做法不妥。因为，与别人争高低并想把别人比下去的心态会让你们不健康不快乐！"我认真地告诉菲儿。

人学习和做事若是为了充实自己，提高自己，那么就会从中获得健康和快乐，但如果抱着与人比、与人争的心态做事，可能难以获得健康和快乐。因为当孩子比不过别人的时候，会失落、消沉、自卑甚至嫉妒、中伤和讨厌对手；而当孩子胜过别人的时候，会得意、快乐、炫耀甚至自傲自大。事实上，这样的快乐不是真正的快乐，它是一种短暂、不健康的快乐，它会驱使孩子进入下一轮的角逐，令孩子紧张、担心、焦虑和疲惫！而且，这样的快乐也是一种"不道德的快乐"，它是想通过击败别人、贬低别人的方式来抬高自己，获得一种优越感，这样的优越感、这样的快乐看似风光无限，其实背后隐藏着很多的邪恶与痛苦。

我告诉菲儿：不如人时，没什么可丢脸和自卑的；在某方面长于别人时，也没什么可骄傲和自大的，人与人的特长、兴趣、能力不一样，不具有可比性，也不应该去"比"！我们不能用一种标准衡量人，更何况有时候成人评定的标准不一定正确，譬如,“乖小孩”、“听话的小孩”、“考分高的小孩”就是“好小孩”吗?

为何我们成人不给孩子健康、文明、善的生活观念呢?

人的相互学习,努力做事,积极生活,最初本是为释放自己的潜能,愉悦自己,不是为了与他人竞争,视他人为对手和敌手,将人比下去。但多少成人却奉行这样的一种人生哲学:“与人比,与人竞争,才有动力,才有上进心!”“成功”就是打败你的对手!“成功”就是超越别人!“成功”就是将别人比下去!“成功”就是拥有荣耀和名利!并且,成人还要将这样的“成功”观念灌输给孩子!于是,无数孩子便在这样的观念下被熏陶长大,一代又一代,渴望和追逐这样的“成功”!

这样的“成功”能给人幸福吗?能给人善吗?

如果所谓的“成功”就是要“把别人比下去”,我们注定会陷入痛苦!

这样的“比”让人的品德、心理、性格受损。

这样的“比”让人的精神不快乐,人难以有温情与和谐。人与人之间必然会充满混乱、争斗、猜忌、敌意、嫉妒、冷漠和邪恶,甚至,在这样的竞争哲学下,很多成人对自己的种种邪恶并未感到不安、羞耻和不道德!

竞争让人远离美德、快乐和幸福!

此外,这样的“比”也难以提高人的才智,激发人的潜能。虽然,比赢别人在某一时或某个阶段能激励自己,获得才智方面的提高,但好胜心和虚荣心却不是推动人求知的真正动力,当人的虚荣名利得到满足之后,人的求知便会陷入停滞和怠惰状态。人求知的真正动力乃是一个人的兴趣、特长和“不与人争”的安静心态。

孩子刚进入小学时,既不懂分数的重要性,也不懂“与人比”、“与人竞争”,但成人爱用“分数”、“排名”、“竞争”、“优差对比”的理念教育孩子、刺激孩子、熏陶孩子和唆使孩子!于是,小小的孩子慢慢便有了“分数意识”、“比的意识”、“荣耀意识”和“等级意识”!

每次考试一发考卷,孩子们最关心的不是自己答题的对错,而是与别人比考分。孩子们会四处打探其他同学的考分,当得知对方比他分数低,他会很快乐,甚至还洋洋得意。其实,有时不过是一两分的差距,但孩子却把它看成是超过他人的胜利表现,向他人展示和炫耀;而当他发现自己的考分低于别人时,他的心情又会表现出难受、沮丧和不快乐,认为自己不如别人,很丢脸。

在“比”的刺激下,为了分数、排名、荣耀,很多孩子纷纷自觉自愿被家长送入各种各样的培训班,或英文培训,或数学培训,或阅读培训,或写作培训等等。他们不再有轻松、闲暇、健康、快乐,孩子陷入忙碌、辛苦、紧张、焦虑和疲惫!但,年幼的孩子无力抗拒这“比”的观念,“比”的学风,“比”的生活,他们只能被迫接受并痛苦地忍受!因为,孩子的理性能力还很弱,无法识别这“比”的危害性,他们只能在盲从中寻求一种心理满足和精神安全。

人生不是竞技场,不是赛场;人生不是同一起跑线;人生不需你追我赶,你拼我打,你争我斗!人应按照自己的轨道,自己的节奏,自己的兴趣,自己的意愿,自己的方向真实地生活!

后记

菲儿对上小学充满了盼望和憧憬，菲儿期盼小学能带给她快乐和美好。

那一年，菲儿成了一名小学生，但是，一年的小学生活却让菲儿深深失望、烦恼和不快乐，菲儿讨厌上学，菲儿害怕上学。

我认真倾听菲儿以及和菲儿一般大的孩子们的诉说，我用文字记录下孩子们上学的种种烦恼和所见所闻。

我不得不承认：现时代，我们给孩子的教育野蛮而不健康，甚至可以说“残酷”和“不人性”。

成人用暴力、野蛮、强迫对待孩子，将孩子引向服从、专横与暴力；成人用“课本教育”、“应试教育”禁锢孩子的头脑，败坏孩子的学习兴趣，蚕食孩子的求知欲，将孩子引向厌学、怠惰、消极和沉沦；成人用功利、世俗、竞争、歧视熏陶孩子，败坏孩子的品德，将孩子引向自私、冷漠、争斗、虚荣和势利。

这样的教育让孩子痛苦和不幸。

当我听见很多小学生把歌谣“我要上学校！天天不迟到！小鸟说早早早，你为什么背上小书包！”改唱成“我要炸学校！

老师不知道！一拉线我就跑！砰的一声学校炸飞了！”我深深理解孩子对学校的厌恶和他们所受到的伤害。

每年的 9 月 1 日，我看见一批又一批健康活泼、纯真善良、好学求知的孩子背着书包快乐地跨入学校，可经历 12 年这样的教育后，孩子会如何？孩子还能保有他们的健康活泼、纯真善良和好学求知吗？

我看到，这样的教育让一批又一批的孩子失去他们的健康、聪明与快乐，失去他们的求知欲和善良。

我不知道这样的教育还要持续多久？这样的教育要弄坏多少孩子？要毁坏多少人的幸福？

教育不应成为扼杀孩子幸福的“杀手”。

人只有一生，没有办法回头。

被教育毁坏了的人难以拥有健康和幸福。

真的很期盼我们成人正视和反思我们的教育，给孩子健康、善良、人性、真正爱的教育。

周晓理

2016 年 5 月

策划手记

我为什么要做这本书？

作为一名新上海人，想起当初有人问我为什么选择上海这座城市作为立足之地，我的回答是："一，机会多；二，教育水平高。"第一个理由是为自己的事业发展，第二个则很明显是为自己孩子的教育做的选择。相信大多数涌向上海的人都是奔着这样的理由。

那时，我理想化地认为上海应该拥有真正意义上的素质教育，拥有高水平的师资力量，拥有人性化的教育理念以及国际化的教育环境。

可是，在上海这座大家公认的全国教育水平最上等的城市里，我们看着孩子从幼儿园到小学，从小学到初高中，经历种种教育之怪象，心中不仅疑惑，而且痛苦。这就是国民呼吁了多年且成功的素质教育？

从小学一年级开始就有做不完的作业，一言不合就被罚抄罚站，照本宣科让人昏昏欲睡的授课方法，时不时冒出的语言暴力，等等。对阅读兴趣的培养、对社会认知的引导、对学术研究方法的启蒙，这些教育的题中之义，到哪里去了？

相对于我们对学校教育的各种指责与抱怨，再看看身边的家长，我们自己又有几位能担当得起合格家长的称号呢？我们总是跟孩子传达这样的观点："你只要负责学习，其他什么也不要管。"我们总是跟孩子唠叨："考不到重点中学、好大学，别人就看不起你，你就只能去做工人。"我们总是强行干扰孩子的自主选择，说什么"你功课都复习不够，哪有时间看这些闲书"？

很多孩子在教师与家长的双重挤压之下，被动学习、痛苦作业、人格扭曲。他们花大把的时间放在重复无用的机械知识背诵与操练中。他们养成爱打小报告、嫉妒他人、固执不合作的不良人格。他们不敢也不会自己做主，凡事都丢向父母代他们做抉择。他们逐渐失去了对世间各种美好事物的感受能力。

多么糟糕的现实！

可是，大家都知道这样不好，可是又无力抗拒。大家都在抱怨，可是都不去采取行动！

幸运的是，我终于看到了有一个人在行动，有一个人在用她的智识、勇气和责任感在行动。她在自己女儿的就读过程中，很用心地把种种不堪的、让人揪心的教育现象写下来，然后用自己的哲学专业背景小心翼翼地记录、分析，却又能坚定地大声呼吁。呼吁停止对孩子天性的扼杀、呼吁建立一种尊重人性、培养合格公民的新教育观、呼吁一种我们迷失已久的懂爱的教育。

她就是本书的作者，周晓理女士。大概在2015年的六月，她很不安地把书稿传给我。我感觉到了她忐忑的内心。但是当我细细翻完她的书稿后，我甚觉兴奋。我直接给她打电话说：这就是我想要的！我就是想要一本能全面却又理性地记录我们中小学教育现状种种问题的书稿，一本能触动所有正在经受育子煎熬的家长内心的书稿。

好故事还在后头。不止我一个人看到了这本书的价值以及它的现实意义。作为一本面向大众的市场图书选题，它在我们举办的开放性的选题遴选会上，参会的新华书店以及图书网店销售代表都对本书表示了很大兴趣，认为这是一本难得的呼应大众关切的好书。

我们把书稿送给超级畅销书《好妈妈胜过好老师》作者尹建莉审阅。她很快给我们回复说："这本书通过分析孩子日常遭遇的种种司空见惯的事件，剖析其中对儿童的伤害，呼吁保护孩子、尊重孩子，还给他们童年的自由。感觉很不错。""很高兴为本书作推荐"。

著名教育学者熊丙齐先生历来目光如炬，敢言他人不敢之言。他的著作《中国教育的100份诊断报告》《大学有问题》等直面中国教育现状，唤起世人对教育的反思和改革。虽然他一直关注的是高等教育的问题，但他认为中小学教育可能存在更大的问题。

熊先生认为教育的本质是让人们生活得更美好。教育应该首先让孩子们学会做人、学会对自己负责。这种观点与本书作者的观点不谋而合。因此，他赞赏本书作者的努力，推荐大家都来读读这本书，特别是教师工作者以及正在做家长、或者将要做家长的朋友。

回归教育的本质，让孩子都能被温柔以待。

这就是我要做这本书的理由。

上海交通大学出版社总编辑　刘佩英

2016 年 8 月 6 日